Forensic Botany

A Practical Guide

法医植物学：实践指南

主编 ［美］David W. Hall

戴维·W. 霍尔

［美］Jason H. Byrd

杰森·H. 伯德

译者 吕 宙

WILEY

西安交通大学出版社

XI' AN JIAOTONG UNIVERSITY PRESS

图书在版编目（CIP）数据

法医植物学：实践指南/（美）戴维·W. 霍尔（David W. Hall），（美）杰森·H. 伯德（Jason H. Byrd）著；吕宙译. —西安：西安交通大学出版社，2016. 12

书名原文：Forensic Botany：A Practical Guide

ISBN 978-7-5605-9154-4

Ⅰ. ①法… Ⅱ. ①戴… ②杰… ③吕… Ⅲ. ①植物学-应用-法医学-研究 Ⅳ. ①D919

中国版本图书馆 CIP 数据核字（2016）第 271465 号

Forensic Botany：A Practical Guide by David W. Hall and Jason H. Byrd

ISBN：978-0-470-66409-4（cloth） —ISBN 978-0-470-66123-9（paper）

书　　名　法医植物学：实践指南
主　　编　戴维·W. 霍尔　杰森·H. 伯德
译　　者　吕　宙
责任编辑　问媛媛　王　雯

出版发行　西安交通大学出版社
（西安市兴庆南路 10 号　邮政编码 710049）
网　　址　http：//www. xjtupress. com
电　　话　（029）82668357　82667874（发行中心）
（029）82668315　（总编办）
传　　真　（029）82668280
印　　刷　陕西天丰印务有限公司

开　　本　787mm×1092mm　1/16　**印张**　14　**彩页**　4　**字数**　243 千字
版次印次　2017 年 6 月第 1 版　2017 年 6 月第 1 次印刷
书　　号　ISBN 978-7-5605-9154-4
定　　价　139.00 元

读者购书、书店添货、如发现印装质量问题，请与本社发行中心联系、调换。
订购热线：（029）82665248　（029）82665249
投稿热线：（029）82668803　（029）82668804
读者信箱：med _ xjup@163. com

著者名单

主编

戴维·W. 霍尔（David W. Hall 咨询顾问有限公司，美国）
杰森·H. 伯德（佛罗里达大学医学院 William R. Maples 法医学中心，美国）

编者

马修· A. 吉赛丹纳（佛罗里达大学生物学系，美国）
克里斯托弗·R. 哈迪（米勒斯维尔大学 James Parks 植物标本馆，美国）
理查德·欧德（XID 服务有限公司，美国）
伯纳德·A. 劳姆（佛罗里达大学，美国）
安娜·桑迪福德（法庭科学与研究有限责任公司，新西兰）
威廉·斯特恩（佛罗里达国际大学生物科学系，美国）
约翰·R. 华莱士（米勒斯维尔大学生物学系，美国）

杰森的特别序言

对于刑侦人员而言，法医植物学是一门非常有应用价值却又常常未被充分利用的工具学科。植物证据可以帮忙揭穿作案者的不在场证词，将某个嫌疑人或被害人与某个特定地点联系起来，甚至是辅助推断死亡时间。目前，植物证据的采集方法已经构建得相当完善并且易于掌握，而采集所用的工具和材料也都在市面有成品销售，或非常容易自制。在大多数案件中，植物证据的检验仅需要受过相关培训的植物学专家而不是专门的法医植物学家。许多植物学家在其当地从事了多年的研究，因此对当地常见的植物非常熟悉，能够鉴别哪些是本地没有或比较稀少的植物以及其与犯罪现场的联系，从而为许多刑事案件提供相关的重要信息。

植物几乎无处不在，但在刑事案件的侦破中往往没有得到充分的重视。本书旨在为刑侦人员提供一个法医植物学基本原理与基本方法的概述，此外还提供了针对某些类型的植物证据的特殊采集方法。植物种属的准确鉴定在植物证据的应用中是至关重要的，因此对于当地植物比较熟悉的植物学专家才能胜任这项工作。分析检验植物证据的新技术正在持续不断地涌现，例如 DNA 技术能用于分析现场遗留的一些难以进行形态学种属鉴定的植物碎片，而植物 DNA 数据库也随着 DNA 提取技术的发展而不断扩大。全球已知的植物种类有 40 余万种，而这些植物拥有不计其数的变异、生存方式以及繁殖策略。然而，这些已知的植物还只是自然界中的一部分，仍有更多的植物静待发现和鉴定入库，进而导致犯罪现场中未知植物证据样本的鉴定难上加难。不过，新的植物种属仍在持续归类进数据库，因此植物 DNA 鉴定技术是非常有实用价值的。

我们衷心地希望，本书能够为那些想了解植物证据采集与应用的植物学家、教师以及刑侦人员提供法医植物学相关的知识基础。

Forensic botany is a valuable, but often underutilized tool for investigators. Among other uses, it can destroy alibis, associate a suspect and/or victim with a particular location, and help determine time since death. The methodology for collection of botanical evidence is well established and easily learned. Materials for collection are commercially available, or can be easily and inexpensively constructed from household materials. In most cases, analysis requires much expertise by a trained botanist - though not necessarily a forensic botanist. Many botanists have spent their careers working within localized environments which provides them specialized knowledge of the plants and vegetation habitats common to that region. It is this ability to recognize what is common to an area that then further allows them to recognize what is out of place or abnormal, which may be associated with the commission of a crime.

Plants are nearly everywhere, but are often given scant consideration in the context of a forensic investigation. This book aims to provide an overview of the fundamental principles and methods used in forensic botany. Some of the special techniques for collection of different groups of plants are described. Identification of the plant is critical for success in an investigation, and a botanist with local knowledge is usually the best identification expert. Exciting new techniques for analysis are constantly being developed, including DNA analysis which can sometimes be utilized to identify the fragments of plants, which are almost always the most difficult to identify. DNA databanks specialized for plant DNA are constantly evolving, as are extraction techniques. There are well over 400, 000 different species of plants in the world and in addition, there are innumerable varieties, forms, and reproductive methodologies. Despite this large number, there are currently many species, forms, and varieties that are not represented in the databanks which can make comparison and identification of an unknown sample difficult. However, new species are being added constantly, which continues to demonstrate the value and importance of these new techniques.

We hope that this book will provide a solid foundation for botanists, teachers, and investigators who aim to understand how to collect and utilize plants for evidence.

译者序

25 亿年前，一种叫蓝细菌的生物演化出了叶绿体这种独特的细胞结构，从此一种新型的生命就此诞生了——植物。经过二十多亿年的演化，如今在自然界中，不管是户外的花草树木还是室内的景观盆栽，抑或是墙脚边的苔藓和水中的藻类，植物几乎是无处不在。植物通过光合作用为其他生物提供生命所必需的氧气并吸收空气中的二氧化碳，它们是地球陆地生态系统中最基础也是最重要的组成部分。植物与人类的活动密切相关，同样与各类犯罪活动存在不同程度的联系。例如在户外发生的案件中，案犯的体表及衣物鞋袜上常常会黏附各种植物的孢子、花粉、叶片或茎秆等，通过对嫌疑人身上的这些植物证据进行种属鉴定，我们可以根据当地植被分布情况来确定嫌疑人是否到过犯罪现场。除了上述应用外，还可根据植物的生长规律推断腐败尸体的死亡时间或死亡季节，根据水中尸体内脏器官是否含有特定群落组成的硅藻来推断是溺死还是抛尸入水，根据尸体上黏附的植物种属推断尸体是否存在转移，以及根据 DNA 对毒品植物进行原产地溯源等等。

植物证据在各类案件的侦破中有着相当重要的作用。然而，目前法医植物学与法医昆虫学、法医牙科学等法庭科学冷门学科一样，还没有在我国基层法医工作者中推广应用，从事该领域研究的学者也寥寥无几。究其主要原因，一是由于传统的植物学专家大多仅熟悉自己研究领域内的一科甚至一属植物，而命案现场中的植物却多种多样；二是植物不像嗜尸性昆虫那样主动参与尸体腐败和分解的过程，大部分植物仅仅是被动存在于现场中；三是缺乏相关的现场植物证据采集标准化流程以及相应的数据库，导致其难以作为呈堂证供。

为了普及法医植物学知识，为广大公安基层法医工作者提供可以作为参考的植物证据现场提取与送检方法，译者在目前国外已出版的三部法医植物学专著中挑选了由戴维·W. 霍尔博士与杰森·H. 伯德博士联合主编的《法医植物学：实践指南》一书。该书由浅入深、循序渐进地介绍了植物证据相关的生物学、法医学、证据法学以及现场勘验流程等内容，并附有十余个典型的实际案例，是一本基础知识理论与司法实践并重的实用工具书。希望该书的出版能让更多的法医学工作者和研究者了解植物证据的应用价值，从而在实践中尝试应用并推广法医植物学。

吕宙

2016 年 7 月于重庆

前　言

当前，法庭科学的发展变化日新月异，尤其是在提供法庭科学服务、法庭科学知识与技术的发展以及数据分析的解释等法庭科学实践方面表现得尤为突出。从事法庭科学领域的专家需要尽全力为司法审判工作服务，因此必须具备广泛而可靠的多学科知识基础。希望本套系列丛书的出版，能为广大法庭科学专业的学生和从业者提供强大的知识支持。

法庭科学学会是英国的法庭科学从业者组成的专业学术性组织。该学会成立于1959年，并于2006年获得了专业机构地位。学会致力于法庭科学领域各个方面的发展，尤其是通过商业投资出版专业性强、学术价值高的专著，本套系列丛书就是其中的典范。

妮娅姆·尼克·得德

法庭科学读者，思克莱德大学

英国，苏格兰，格拉斯哥

英国系列丛书主编

序言：起点

如何才能成为一个法医植物学家？笔者（戴维·W. 霍尔博士）在20世纪60年代末至70年代初被佛罗里达大学聘为植物鉴定专家，后来更成为了植物证据鉴定和信息咨询机构主管。要在法庭上解决一个植物证据相关的问题，植物种属鉴定是第一步也是至关重要的一步。对于任何一种植物而言，这种植物的名字是提供其所有相关信息的关键。这种植物对人类或牲畜有毒吗？它能不能食用？这种植物能够长得多高多大？它通常生长或被种植在哪种类型的生态环境中？如果是草本植物，那么它是一种杂草吗？这种植物的生长速度是多少？它是本地植物还是入侵植物？当完成了植物样本的种属鉴定后，下一步就是把这些植物样本送给其他相关专家检验分析，以确定这些样本是否受到过病虫害的影响。如果送检的样本是人工栽培植物，园艺学专家常常还需要确定样本的杂交类型以及其最佳生长所需的养护条件。对于人工栽培的观赏植物而言，必须定期进行病虫害防治，尤其是农作物的杂草防治要求更高。农田中的杂草必须在其还是幼芽时或者出苗期进行防治，否则可能导致农作物因成熟的杂草争夺营养而欠收。

在笔者进行法医植物学工作的初始阶段，每年需要鉴定3000余例植物样本。而20年后，鉴定需求增长到了每年8000余例，几乎是每15分钟就需要鉴定一个植物样本。这些植物样本有时是通过邮寄，有时是被相关单位直接送检到实验室的。每天被送到实验室分析检验的植物样本以及封装样本的盒子、信封、包装袋等常常堆积得有半人之高。起初送检的各种植物样本常常难以达到数量和质量要求，但随着鉴定经验的不断增长，鉴定人最终能够根据经验鉴定以往不能鉴定的零碎和残缺植物样本。尤其是在某些现实案件中，零碎和残缺植物样本是仅有的植物证据。这些零碎和残缺植物样本大多是由医生或兽医从人或动物胃内容物中提取的，有时也由法医从死者或伤者的创口中提取出来。农业杂草样本多半是幼芽，而一些私房屋主则常常只送检一片树叶。沿海温热潮湿地区采集的植物样本如果包装得太严密，经过几天时间的快递运送，很可能送到实验室时已经变成一团墨绿色的黏稠污泥状物质。为了在实践中更加有效地运用植物证据，每个样本的每一个细节特征都必须进行详尽而细致的检验。这一过程对鉴定人本身而言是一种经验的积累，同时也为其他人送检样本提供了帮助。当然，取证有时并不包含在法医植物学工作范畴内。

20世纪60年代至70年代初，由于当时的知识与经验限制，人们没有意识到现场中某些证据植物的存在，因此在司法实践中很少会使用到植物证据。当遇到这类证据时，警方通常是联系当地的县农业顾问或附近的护林员。在美国司法体系中，农业顾问最早是由每个县的农业专家来担任的。此外，美国各地以及国外的一些涉及林业的公司也有时被警方聘用。然而在那个时候，县农业顾问和护林员大多仅熟悉他们日常应对的某些类型的植物，因此在植物的种属鉴定上存在相当大的局限性。当意识到这种专业知识体系的局限性后，一些植物证据开始被送往更加专业的植物种属鉴定服务机构。最初的一些涉及植物证据案件每年仅有3～4例，并且大多数与民事案件相关。随着鉴定案件量的不断增加，送检植物证据的刑事案件也越来越多。奇怪的是，在早些年相当长的一段时期内，相当多的送检植物证据案件主要是由于在一些性侵案件中被害者无法回忆起她们幸存并逃离第一现场的过程，因此只能尝试通过植物证据来推断原始的案发地点。目前，送检植物证据的民事和刑事案件都在稳步增长中。

1986年，著名法医人类学家威廉·梅普尔斯博士曾多次向笔者寻求植物学方面帮助，并询问笔者是否有兴趣加入美国法庭科学学会。1987年，在梅普尔斯博士的引荐下，笔者第一次参加了美国法庭科学学会的会议，从此法医植物学得到了学术界的广泛认可。起初笔者仅仅只是美国法庭科学学会名下的一名普通植物学者，后来发现法医植物学在实际案件中很少使用，因此开始举办一些推广法医植物学的系列讲座。1988 年，梅普尔斯博士与笔者开始为佛罗里达大学法学院的学生申请开设法医人类学、法医植物学、法医牙科学以及法医昆虫学课程，并最终于 1991 年成功地将法医植物学纳入了法学院的一系列试教课程。同时，“法医植物学：植物与作案者”专题研讨会也在 1988 年美国生物科学研究院年会上召开。虽然法医植物学在当地的司法实践中应用越来越广，但笔者的生物学同事们对此并没有太大的热情。

同样在 20 世纪 80 年代，拥有植物病理学博士学位的律师迈克尔·奥莱克沙博士在佛罗里达大学的赞助下为各地的生物学家们举办了出庭作证的巡回讲座。为了寻求专业的法医植物学专家，奥莱克沙博士找到了笔者的团队。在 1988 年的美国昆虫学年会以及落基山脉昆虫学会议上，一些研究嗜尸性昆虫群落演替与死亡时间推断的法医昆虫学家听取了上述讲座。此前一直积极从事法医昆虫学研究的路易斯安娜州立大学的雷默·米克博士随后将这一讲座介绍给了更多对司法实践感兴趣的生物学家们。经过多次学术碰撞与交流，更多的生物学家参与到了司法实践中来。

1993 年之后，供职于 FBI（美国联邦调查局）的法医昆虫学家韦恩·罗德博士为 FBI 探员以及其他一些执法人员举办了关于植物证据的讲座以及为期一周的现场勘验培训班。该培训班名为“勘查与复原人类遗骸”，由位于弗吉尼亚州匡提科的国立 FBI 学院主办。在这一培训班中，探员们高度的热情与浓厚的兴趣令学者们十分鼓舞。这个独特的培训班让不同专业背景的人员混合在一起，建立了一个非常好的交流平台。FBI 学院同时也在开展其他一些培训活动。但与众多学员对“勘查与复原人类遗骸”培训班的惊奇相比，模拟绑架、逮捕、银行抢劫、汽车追逐以及枪战等就显得一般了。模拟现场建立在一片有大量常见植物证据的地方，而讲座的主要内容就是如何应用这些证据。笔者在这次培训中向罗德博士及其同事们学习到了许多关于地面暴露尸体与埋葬地点的知识。虽然这门独特的培训班几年前停办了，但当初那些参加过培训的人依旧记得那些讲座的内容并仍然在交流相关问题。这门由 FBI 学院主办的培训班启发了其他一些院校，并陆续开始开办类似的培训。

这种实践性质的培训对法医植物学的发展起到了极大的推动作用。自1999年起，一个为期3～5天的法医昆虫学、人类学以及植物学短期培训班开始开办。这个培训班的讲座信息量大，讲授方式也很生动有趣。虽然无法提供一个完整的现场信息，但培训讲座会教授如何专业地应用植物证据。全球的植物学者大多接触过一两个相关案件，但长期参与司法实践的法医植物学专家却不多。除了那些研究DNA（脱氧核糖核酸）的生物学者，大部分的植物学研究者并没有兴趣加入美国法庭科学会或者其他类似组织。因此直到目前为止，法医植物学仍然没有建立可供专业认证的培训或实践标准。

目　录

第一章　法医植物学简介 …… （1）

植物证据与司法调查 …… （1）

司法相关植物的范畴 …… （2）

植物证据与司法调查 …… （4）

不在场证明 …… （5）

时间推断 …… （6）

植物在埋尸处的生长 …… （10）

胃内容物中的植物证据 …… （12）

小结 …… （12）

第二章　植物作证 …… （13）

植物的类型 …… （13）

维管植物 …… （13）

开花植物 …… （16）

非维管植物 …… （21）

传统上被植物学专家研究的非植物类群 …… （23）

真菌（fungi） …… （23）

地衣（lichens） …… （24）

植物与其栖息地的关联 …… （26）

生态学 …… （26）

植物生境无法确定 …… （27）

植物形态学与生物学特点 …… （29）

法医与其他现场勘验人员需要了解的植物基本特点 …………………… (30)
植物习性与结构 ………………………………………………………… (30)
木本植物（woody plant） ……………………………………………… (30)
草本植物（herbaceous plant） ………………………………………… (31)
茎（stem） ……………………………………………………………… (32)
叶（leaf） ………………………………………………………………… (33)
微绒毛（hair） …………………………………………………………… (39)
根（root） ………………………………………………………………… (40)
花（flower） ……………………………………………………………… (41)
果实（fruit） ……………………………………………………………… (41)
植物的播散 ……………………………………………………………… (42)

第三章 植物证据采集与分析 ……………………………………… (47)
植物证据采集工具 ……………………………………………………… (47)
犯罪现场初步记录植物证据的方法 …………………………………… (57)
在哪些地方搜寻植物证据 ……………………………………………… (58)
植物证据的保存 ………………………………………………………… (63)
植物证据的文档设计与记录 …………………………………………… (63)
植物证据的分析 ………………………………………………………… (65)
哪里寻找植物学专家 …………………………………………………… (66)
与植物证据相关的案件类型 …………………………………………… (66)
植物证据的分析 ………………………………………………………… (67)
实验室报告撰写 ………………………………………………………… (68)
植物证据的流转与运送 ………………………………………………… (69)
植物证据的保留与处置 ………………………………………………… (70)
现场中植物证据采集流程 ……………………………………………… (71)

植物证据采集设备与器械 …………………………………………………… (72)

附录 3.1

犯罪现场数据 ………………………………………………………………… (73)

生境记录 ……………………………………………………………………… (73)

现场所在地点 ………………………………………………………………… (73)

采集到的植物证据样本需要记录的相关信息 ……………………………… (73)

附录 3.2

现场植物证据信息记录单 …………………………………………………… (75)

附表 3.3

植物证据实验室检验分析数据表 …………………………………………… (79)

附表 3.4

植物证据清单 ………………………………………………………………… (81)

第四章　专家证据 ………………………………………………………… (82)

普通法 ………………………………………………………………………… (82)

美国的经验 …………………………………………………………………… (83)

弗赖诉美国联邦政府的判例 ………………………………………………… (83)

美国联邦证据规则的修订 …………………………………………………… (85)

道伯特诉梅里尔·道药品公司案判例 ……………………………………… (88)

科学方法 ……………………………………………………………………… (90)

单纯意见规则 ………………………………………………………………… (91)

英国的经验 …………………………………………………………………… (92)

刑事诉讼法 2010，第 33 条 ………………………………………………… (94)

第 33.2 条　专家在法庭上的义务 ………………………………………… (94)

第 33.3 条　专家鉴定书的内容 …………………………………………… (95)

第 190 号法律委员会咨询意见书 …………………………………………… (96)

第五章　法医植物学 DNA 分析指南 …………………………………………（97）
引言 …………………………………………………………………………（97）
植物证据样本类型与用于 DNA 检验分析的样本采集 ……………………（98）
遗传学数据的使用 ……………………………………………………（100）
植物种属鉴定 ……………………………………………………（100）
植物原产地鉴定 …………………………………………………（101）
植物个体种属鉴定 ………………………………………………（101）
基因分型方法 ……………………………………………………（102）
一般性考虑 ………………………………………………………（102）
DNA 提取……………………………………………………………（103）
微卫星标记 ………………………………………………………（104）
随机/非特异性标记物……………………………………………（104）
遗传学结果解读 …………………………………………………（106）
联系 DNA 检验分析实验室 ……………………………………（107）
案例研究 …………………………………………………………（107）
小结 ………………………………………………………………（109）
参考文献 …………………………………………………………（109）

第六章　法医显微镜入门 ……………………………………………（113）
显微镜以及与法医植物学相关的显微植物结构 ………………………（113）
便携式放大镜 ……………………………………………………（113）
体视显微镜/立体显微镜…………………………………………（115）
复式显微镜 ………………………………………………………（118）
扫描电子显微镜 …………………………………………………（120）
法医植物学参考样本收集的重要性 ………………………………（122）

显微镜检验前植物证据的处理与记录 …… (123)
便携式放大镜与体视显微镜观察 …… (123)
复式显微镜观察 …… (123)
扫描电子显微镜观察 …… (124)
参考文献 …… (124)

第七章　植物解剖学 …… (126)
概述 …… (126)
林德伯格案 …… (128)
参考文献 …… (132)

第八章　孢粉学，犯罪现场中的花粉与孢子：概念、意义与应用 …… (134)
相关概念 …… (134)
什么是花粉与孢子 …… (134)
孢粉的理化耐受能力 …… (135)
孢粉在自然界中的分布与播散途径 …… (135)
风 …… (136)
昆虫与鸟类 …… (136)
水流 …… (136)
花粉形态 …… (137)
花粉在非法庭科学方面的应用 …… (137)
孢粉在法庭科学中的应用 …… (139)
植物在其分布地区中的生长 …… (139)
花粉雨 …… (139)
传粉的方式 …… (140)
播散与持久力 …… (140)

样本的类型及其在自然界中的分布 …………………………（140）
什么情况下要采集花粉样本 …………………………（141）
如何采集和保存花粉样本 …………………………（141）
参考其他法庭科学分析 …………………………（141）
采集工具 …………………………（141）
意外污染 …………………………（142）
植物与土壤 …………………………（142）
衣裤与鞋袜 …………………………（143）
车辆 …………………………（143）
人类尸体 …………………………（144）
其他物品 …………………………（144）
样本的保存 …………………………（145）
需要采集多少样本 …………………………（145）
花粉证据采集的人员与实验室要求 …………………………（145）
样本采集 …………………………（145）
样本处理 …………………………（146）
花粉种属鉴定与相关分析说明 …………………………（146）
成本与证据流转时间 …………………………（146）
相关案例 …………………………（146）
凶杀与种族大屠杀 …………………………（147）
案件侦破工作 …………………………（147）
意外污染 …………………………（148）
花粉缺失 …………………………（148）
小结 …………………………（149）
参考文献 …………………………（149）

第九章　藻类相关的法医学检验 …………………………（152）

寻找藻类专家进行鉴定 …………………………（152）

藻类生物学多样性 …………………………（153）

单细胞藻类 …………………………（153）

丝状藻类 …………………………（153）

大型藻类 …………………………（156）

绿藻、红藻、褐藻、金棕藻和蓝藻 …………………………（156）

藻类证据在案件侦破中的应用 …………………………（161）

将犯罪嫌疑人和某个水体相关的犯罪现场或物证联系起来 ………（161）

确认死者是否为溺死以及入水地点 …………………………（162）

藻类毒素中毒诊断 …………………………（167）

溺水死亡时间推断 …………………………（169）

犯罪现场勘验过程中藻类证据的采集与处理 …………………………（171）

操作流程一：将犯罪嫌疑人与特定犯罪现场或相关物证联系起来 …………………………（172）

操作流程二：溺死相关硅藻检验 …………………………（175）

操作流程三：藻类毒素中毒的诊断 …………………………（176）

操作流程四：死后浸没时间推断 …………………………（177）

致谢 …………………………（178）

参考文献 …………………………（178）

第十章　法医植物学案例研究 …………………………（181）

证实某人或某物曾出现在现场 …………………………（181）

案例 1 …………………………（181）

案例 2 …………………………（182）

案例 3 …………………………（183）

案例 4 …………………………………………………………（184）
案例 5 …………………………………………………………（184）
案例 6 …………………………………………………………（186）
案例 7 …………………………………………………………（186）
案例 8 …………………………………………………………（187）
案例 9 …………………………………………………………（188）
死亡时间推断 …………………………………………………（189）
案例 1 …………………………………………………………（189）
案例 2 …………………………………………………………（190）
案例 3 …………………………………………………………（191）
案例 4 …………………………………………………………（192）
案例 5 …………………………………………………………（193）
案例 6 …………………………………………………………（194）

中英文名词对照索引 ……………………………………（195）
后记 …………………………………………………………（201）
彩图 …………………………………………………………（203）

第一章　法医植物学简介

戴维·W. 霍尔　博士

法医植物学是研究植物以及如何应用植物证据服务于司法实践的一门学科。虽然植物学是一门研究领域十分广泛的学科，但受过专业化培训的植物学工作者却相对较少。与其他一些人才济济的热门学科相比，从事植物学研究与工作的专家寥寥无几。在美国，由于大多高校仅将植物学作为本科生的基础科学通识课，因此很多在 2 年制或 4 年制专科院校讲授植物学的老师也大多仅仅学习过一两门植物学相关的专业课。在某些院校中，植物学甚至与动物学合并在一起讲授，因此许多大学毕业生连一门专业且系统的植物学课程也没有学习过。许多专业的植物学会如本地植物学会、园艺俱乐部和自然生态学组织的会员以及一些环保部门雇员、环保企业员工等往往并没有接受过专业且系统的植物学教育。正是因为缺乏专业的植物学教育，所以鲜少有人能够理解植物学的重要性，尤其是植物在犯罪现场勘验与案件侦破中起到的重要作用。

对于执法机关以及律师而言，他们对植物证据的认识并不比普通老百姓更深入。因此，现实案件中诸多重要的植物证据往往被忽略掉了。有时候，这些重要的植物证据能够证明某人或某事物曾经出现在犯罪现场，并由此证实或推翻犯罪嫌疑人的不在场证词；有时候这些证据也能辅助警方确定死者的死亡时间、死因或病因，以及提供嫌疑人作案的时间、作案的地点等关键信息。

植物证据与司法调查

正确且有效地使用植物证据的前提是由植物学专家来对相关证据进行分析和结果阐释。一般而言，案件侦查员需要借助于植物学专家的帮助，尤其是那些受到过完整且系统的植物学训练、并对野外常见的各类植物学问题具有丰富处理经验的实践派学者（图 1.1）。在野外，常常遇到的植物证据相关问题包括：植物系统分类学（植物命名）、植物解剖学（植物细胞结构）、植物形态学（植物大体结构）、植物生态学（与其他有机生命体以及环境间的关系）、植物生理学、植物化学以及植物遗传学（DNA）等。植物学包含如此之多的分支学科，因此并不是所有的植物学专家都接受过全面系统的植物学教育与相关技能训练。在许多研究领域，大部分的植物学专家仅仅只是精通上述各个植物学分支学科中的一两类，这对于法庭科学实践而言是远远不够的。

图 1.1 法医植物学家戴维·W. 霍尔博士在北卡罗来纳州立大学法庭科学培训班上和学生们讨论植物证据的采集（本照片由加里·奈特提供）

植物分类学是一门主要研究植物的生物学分类的学科。植物分类学专家们对植物进行系统分类，并使用科学命名法对植物进行命名。对于执法机关的调查人员而言，如果需要获得植物学方面的专业协助，植物分类学专家通常是咨询的首选。即使不是多数，但相当多的植物学专家仅仅研究单一类群的植物，而植物分类学专家则通常会研究多个植物类群，并对整个植物学领域的一般性知识相当了解。为了对一个以前从未发现过的新品种植物进行正确地命名，通常需要检索该植物既有的物种信息及其亲缘关系。然而要检索这种极其广泛的物种数据，就要求植物分类学专家必须进行过全面、专业且系统化的植物学课程学习与技能培训，并经常对各类植物进行研究。植物分类学专家并不是每个植物学分支领域的专家，他们往往和这些分支领域的专家有联络。

司法相关植物的范畴

根据《韦氏大词典》的释义，一般而言，植物是一种无法移动、没有感觉器官而主要依靠光合作用提供养分的生命体【译者按：最新研究发现许多植物能够通过分泌一些萜类化合物来进行信息交流，因此植物并不是完全没有感觉器官】。植物组织、细胞等均与动物存在较大的差异。自然界中有成千上万种植物，不同种属的植物之间也存在着相当大的差异（图 1.2）。

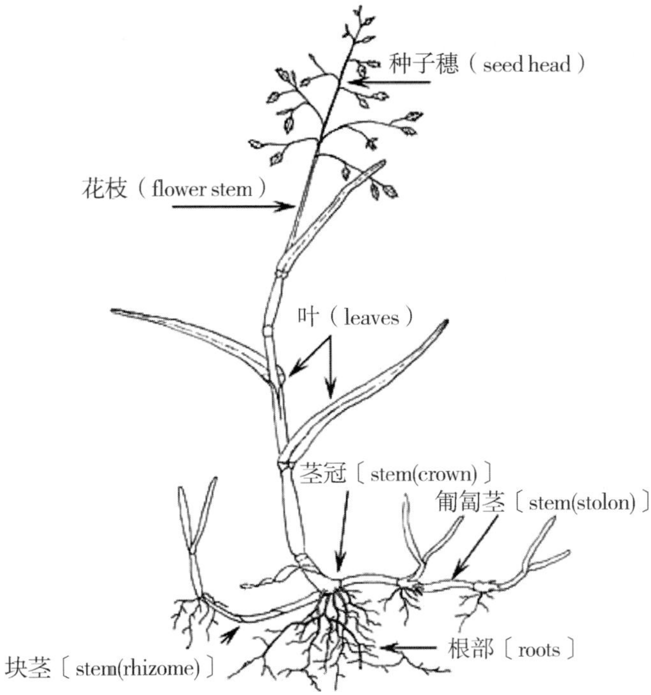

图 1.2　普通植物各个主要部分图解〔本图由宾夕法尼亚州立大学农业科学院草坪科学中心提供（原刊载于《冷季型草坪用草：基本结构与生长发育》）〕

在美国，法律对于植物的定义导致了量刑方面的差异。例如法律规定根与茎相连的才算是一株完整的植物；如果根茎因某种原因分离了，那么每个部分都只能算作植物残片。当然并非所有的植物都有根部，但绝大多数仍然是有根植物。在美国，即使仅持有或栽培具有精神兴奋作用的大麻（*Cannabis sativa* L.）【译者按：仅雌性大麻具有兴奋作用】残片（图 1.3）也是违法的。美国政府对大麻的计量既可以按植物株数来算，也可以按重量来算。一般而言，没有根部的大麻样本只能作为植物残片登记并和根部一起称重，带有根部的大麻则不论植株大小均按株数计算。美联邦相关的法律指南条款建议在量刑处罚时要么按完整植物株数计算或者整体重量计算。但是，如果现场发现的大麻既有完整的又有已经处理过用于吸食或出售的大麻，那么即使整株植物非常小并且重量极轻也应该以株数来计算。

图 1.3 大麻（*Cannabis sativa* L.）叶子，在美国属于毒品管控植物范畴，持有大麻的处罚量刑可以根据总重量或完整的植物株数（本照片由美国鱼类与野生动物管理局提供）

植物证据与司法调查

并非所有的法律条规都是针对违法犯罪的人。有些国家与地方条令禁止栽培、贩售或运输某些植物，例如大麻一类的毒品植物。对于执法机关而言，这类植物的种属鉴定是至关重要的。凡是列入违禁药物、高危检疫性杂草、具有破坏性的外来入侵植物等名录的植物，都需要进行生物学种属鉴定。在各国入境口岸的违禁植物的种属鉴定职责重大。所有进口的货物必须对各种不同违禁植物的全株和部分组织进行检疫。凡是疑似有毒的植物、违禁医用植物、检疫性杂草以及这些植物的种子等（图 1.4）均必须进行检疫后才能查禁。人们常常将许多违禁植物的残片、种子和胚芽等混杂在谷粒或观赏植物中一起运输，妄图瞒天过海，因为没有人能够仅靠肉眼就能鉴别全世界所有种类的植物，而鉴定属于违禁植物的形态各异的残片就更加难上加难了。这类鉴定往往超出警务执法人员或边境检疫人员的能力范围，因此必须求助于植物分类学领域的专家。

图 1.4　执法人员往往不认识大麻（*Cannabis sativa* L.）的种子，因为它们和其他植物种子的外形差别不大（本照片由戴维·W. 霍尔博士提供）

就严格意义上来说，真菌并不是植物，但历来都是植物学家在研究它们。在很多地方，一些在野外自然生长的植物，例如某些蘑菇（裸盖菇属 *Psilocybe* sp.，也被称为幻觉蘑菇）、皮约特仙人掌（乌羽玉属 *Lophophora* sp.）或是纤维大麻等通常并不属于违禁植物范畴，但如果采集这些植物来制作致幻剂就属于违法了。事实上，专门用于生产纤维而种植的大麻并没有多少致幻效果。但是很多不知道这一点的人常常把纤维大麻误认作是毒品大麻而盗采。此外，仅仅运输那些有潜在致幻作用的植物有时也是违法的。虽然个人拥有的珍稀植物遭到破坏并不受法律的保护，但如果没有取得专门的许可就擅自运输仍然是违反国际、联邦、州和地方法律的。有合理的珍稀植物运输法规但缺乏损毁私有珍稀植物相应的惩罚，这一奇怪的规定源于古代英国法律。简而言之，那就是人们可以种植栽培珍稀植物，但在公共道路上进行运输则必须受到严格管控。

不在场证明

在很多刑事案件中，犯罪嫌疑人的不在场证明是非常有用的。幸运的是，如果不是从事植物学相关工作，极少有人能对植物证据作假。在某个地区，虽然某种特定的植物可以生长在相当大的地域范围内，但将一种植物与某个特定地点联系起来就能支持或反驳某人的不在场证明，从而验证他是否撒了谎。由于某些植物生长在特殊的地点，因此从某人或某物上黏附的植物证据就能够将其和某一特殊地点联系起来。嫌疑车辆轮胎上或犯罪嫌疑人衣物上黏附的植物碎片往往能够指证作案地点（图 1.5）。此外，植物证据同样能证明犯罪嫌疑人或嫌疑车辆曾经到过某地点。如果植物证据能证实多个地点和某一犯罪案件相关，那么就能够勾勒出罪犯的活动轨迹，从而快速地锁定犯罪嫌疑人或嫌疑车辆。

图 1.5　嫌疑车辆底盘悬挂系统上黏附的植物（本照片由杰森·H. 伯德博士提供）

时间推断

植物有时能够用于辅助推断某个事件发生的时间。许多植物是一年生草本植物，例如玉米和大豆等暖季农作物。有些植物的生命周期相当短，仅仅只需几天到数周就能完成整个生命周期，尤其是那些生长在恶劣环境下的植物。这类生命周期极短的植物常常是泥土稍暖和的时候就开始发芽，天气变得炎热就开始凋零。高纬度地区生长的一年生草本植物常常生命周期更短，因为这些地区暖季也非常短。因此，如果发现了这类短生命周期的植物黏附在某人衣物或某物体上，则证明某人或某物在该植物生长期阶段曾经出现在某地。

植物的其他一些特点也能为我们提供季节信息，进而推断死亡时间。许多植物在冬季或旱季会落叶，到暖季或雨季时则会萌发新的叶子。如果作为潜在证据的是一根树叶全部脱落的断裂树枝，那么这根树枝断裂的时间应该在冬季或旱季。有时，树叶、花朵或果实等大量凋落的时间段可以进行相当精确的推算，因此十分有用。因此，大量凋落的树叶、花朵或果实远比单个凋落有参考价值。

落叶在深厚的落叶层内的位置能够提示该落叶凋落的时间段（图 1.6）。由于落叶通常需要数年才会降解腐烂，因此寒冷、干燥的天气会加速落叶层的积累，而温暖潮湿的天气则会加速落叶层的分解，落叶有时可能会在几周到数月内就完全腐烂。坠落到静水或被掩埋在特殊土壤里的树叶，由于环境缺氧，树叶会极其缓慢地腐化，但树叶上或周围环境中的微生物群落有时也会加速腐败进程。

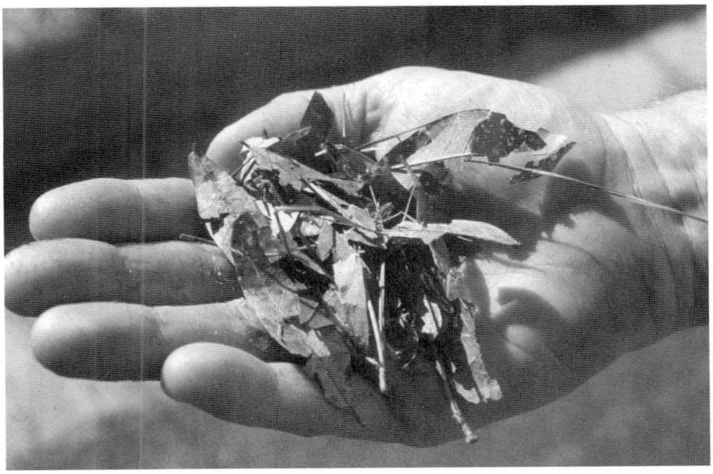

图 1.6　落叶层是一种变相固定的时间证据，因此可以用于推断作案或死亡时间（本照片由戴维·W. 霍尔博士提供）

植物也可以用于推断死亡时间（也称为死后经历时间，post-mortem interval，PMI）。树木的年轮是一种可用于死亡时间推断的植物证据（图 1.7）如果有一个坟墓或骸骨刚好穿过木本植物的某一年轮，那么其出现的时间就正好是那一年。年轮的数量可以直接数出来，坟墓或骸骨形成的痕迹能保存相当长的年月。

图 1.7　树木的年轮是一种可用于死亡时间推断的植物证据（本照片由杰森·H. 伯德博士提供，照片细节请参阅彩页部分）

图 1.8　根据断裂的枝叶脱水枯萎的程度可以建立一个时间表（本照片由詹姆斯·L. 卡斯特纳博士提供）

某一事件的发生时间还可以通过植物的其他一些特性来确定。一根折断的树枝通常很快会枯萎。在精确控制的实验条件下，只要定时拍照取证，折断的树枝的枯萎时间是可以精确计算的（图 1.8）。通过反复实验，树枝折断或树皮被割伤后断口汁液干化程度也可以用于确定折断或割伤的时间。当植物被连根拔起或者根系被严重破坏时，树叶也会逐渐枯萎。无论是使用树汁干化还是树叶枯萎程度来推断时间，其准确程度主要还是取决于植物学专家能否及时到达现场。和其他实体证据一样，植物证据也必须进行正确的拍照来固定。植物学专家需要首先对植物进行种属鉴定，随后再对折断同种树枝进行实验来确认折断时间。通过定时地对树汁或折断枝叶进行检验，植物学专家就能将树汁干化或枝叶枯萎的情况与之前拍摄的照片进行比照。为了获得最准确的数据，这种实验必须重复进行好几次，然后取时间平均值。现场勘验人员需要注意的是，如果在发现植物证据和进行实验时的环境条件有了较大的变化，那么推算出来的时间就不可靠了。如果植物的一部分被掩埋了，植物茎叶细胞内的叶绿素因为缺乏阳光而降解，因此植物绿色的部分就会逐渐变色，变成黄色并最终变成棕色（图 1.9）。

图 1.9　被泥土掩埋的植物叶片内所含的叶绿素随掩埋时间而逐渐降解（本照片由杰森·H. 伯德博士提供，照片细节请参阅彩页部分）

对于上述植物叶绿素降解脱失情况，可以通过在现场多次重复掩埋同种植物的近似部分并定期检验来确定。掩埋时间不同，叶片的黄绿色比例不一样。如果实验掩埋的叶片颜色与现场发现的一致，则可以粗略地确定植物证据被掩埋的时间范围。这类实验可以用于确定与叶片同时被掩埋的尸体或物品的掩埋时间，继而推断出近似的死亡时间。需要注意的是，犯罪嫌疑人可能在杀害被害人一段时间之后才移尸到第二现场掩埋。因此，上述实验方法通常仅用于尸体被快速转移并短时间掩埋的情况。为了使实验结果更加精准，同种的植物必须掩埋在和现场一样的土壤环境中，并且这类实验越早进行其结果就越精准。

拍摄的变黄的植物枝叶照片必须是高清的，否则效果不好。每组实验用植物样本也必须在掩埋前拍照，随后定时拍照对比原证据照片。在同一组实验中，重复样本越多结果就越精准。

目前美国国内有数个州已经立法保护湿地环境不被破坏。总体而言，绝大多数这类保护性立法都属于民事法规。湿地的边界通常是根据植被、土壤和水文地理条件来确定的。对于湿地的边界和保护性措施时常引起争论。湿地的原始地点以及犯罪嫌疑人在湿地中作案的时间都能借助植物证据来确定。总而言之，树木的年轮可以用于某事件最初发生时间的推断，而被掩埋的枝叶可以提供掩埋的季节信息。例如某些花朵只在每年的固定时间开花，如果有掩埋的花朵，则掩埋时间必定是在这个时间段。

植物在埋尸处的生长

人们普遍认为，由于尸体降解会产生大量的养分，因此墓穴或野外埋尸地点附近的植物生长得非常茂盛，这种观点其实是错误的。在人体死亡后的早期阶段，在墓穴或野外埋尸地点附近的植物生长并不旺盛。首先，由于尸体覆盖在植物上，遮挡了植物赖以生存的阳光。因此，除了有茎干与外部相连的植物，其他大部分植物都会因为缺乏光合作用而死亡。植物被尸体压住的地上部分会很快死亡，而地下的根部与外部相连的茎干还会从其他外露的茎叶获得营养输送。其次，尸体降解产生的腐败液体对植物有强烈的腐蚀性。绝大部分的植物根茎部分最终都会因为缺乏光合作用以及腐败液体的腐蚀而死亡。此外，由于腐败液体渗透到尸体所在处的土壤中，因此周围其他植物很难向该区域生长（图 1.10）。

决定植物能否向腐败液体腐蚀渗透区域重新生长的不是尸体提供的养分而是土壤的扰动（图 1.11）。土壤的扰动将其他各种环境影响传导给土壤中的植物种子并诱发其生长。通常情况下，气温、水分以及光照条件的改变都可能诱发植物种子发芽，但压实的土壤或种子掩埋太深则会隔绝这些变化。因此，几乎所有的土壤里都存在一个植物“种子银行”。“种子银行”包含了附近所有的植物种子，这些种子包括坠落到地面的或通过媒介传播来的，并最终都掩埋在本地土壤中。土壤的扰动往往会将这些掩埋的植物种子带到地面附近。在“种子银行”中，杂草种子是最常见的。在入门级的生态学课上，最简单的植物萌发实验就是在一个盆里加一撮土和少许水，然后观察杂草种子的萌发。实验的结果随着使用的土壤以及气温、水分和光照条件的不同而各异。因此土壤中的杂草种子在恒温、恒湿、固定光周期条件下与温度、湿度和光周期变化条件下的萌发情况存在相当大的差异。

图 1.10　尸体腐败的区域植被缺失，但随着时间的推移，植物最终还是会重新覆盖这块区域（本照片由 K. 肖提供）

图 1.11　坟墓附近的植物旺盛生长并不是因为尸体提供了额外的养分而是掩埋尸体的行为扰动了土壤（本照片由杰森·H. 伯德博士提供）

胃内容物中的植物证据

尸体胃内容物或粪便中的植物成分有时可以通过植物的解剖结构来鉴别。博克等[①]（Boch 等，1988）曾经详述了胃内容物里植物性食物成分中的植物细胞的鉴别方法。根据摄入的食物残渣，有时也能从中发现关键性的线索。在某个案例中，现场勘验人员通过对尸体胃内容物中植物成分的分析将两个凶杀案串并了起来，线索指向同一个连环杀人犯。有时这些胃内容物还能提示死者最后吃饭的地点，进而指引侦查方向。如果食用的是有毒植物，无论是完整还是半消化状的都能被鉴别出来。在世界上某些地区，植物中毒远较其他地区常见。一旦遇到这种情况，必须对植物样本进行毒化分析。

小　结

在司法实践中，执法部门里极少有具有植物学背景或受过相关培训的专家。植物证据可以验证犯罪嫌疑人的不在场证词，可以证实某人或某物曾经出现在某个特定的地点，可以辅助推断死亡时间，还可以计算其他一些事件的发生时间，因此具有非常重要的作用。不同研究领域的植物学专家因专长不同，在植物证据的诠释上存在差异，有些是植物化学家，有些是植物遗传学家，有些甚至专攻胃内容物或粪便中的植物证据。那些与犯罪相关的植物、具有兴奋或致幻作用的毒品植物以及高危检疫性杂草、具破坏性的外来入侵植物等其他违禁植物都必须由植物分类学专家进行种属鉴定或定性，并对样本进行妥善的处理。对于某些与环境法规相关的法律问题的解决，植物学专家也有其关键性作用。

---

①Boch J H，Lane M A，Norris D O（1988）. *Identifying plant food cells in gastric contents for use in forensic investigations：a laboratory manual*. US Department of Justice，Washington，DC.

第二章　植物作证

戴维·W. 霍尔　博士

笔者多年来教授法医植物学的经验显示，许多未接受过专门培训的刑侦技术人员很难在现场发现植物证据。现场勘验人员往往因为不认识某些植物而忽略这些植物证据。因此，识别各种常见的植物类群是发现和正确使用植物证据的基础。现场勘验人员并不一定要会鉴定各种植物的种属，但至少要能辨识某些物体可能是植物证据或是植物的一部分，从而能够正确规范地采集它们。

植物的类型

维管植物

维管植物（vascular plant）是指某些植物具有与动物血管系统相类似的维管组织，通过维管组织运送水分与营养，这类植物就称之为维管植物。植物的根部能够将植物固定在生长的基质（通常是土壤）上，并从基质中摄取营养、水分和矿物质。植物的茎可分枝或不分枝，其主要功能是在植物内部输送营养、水分和矿物质。植物的叶子能够吸收阳光并通过光合作用产生植物本身所需的养分（图 2.1）。

孢子植物

蕨类植物（ferns）　大部分普通人对于蕨类植物的第一印象就是其羽状复叶。蕨类植物的羽状复叶可以是单回，也可以是多回。蕨类植物的茎通常长在地面以下，有时也可长出地面。蕨类植物的繁殖体称为孢子（spore），其通常成团状、束状或成堆分布在孢子叶的下面。孢子形似一堆粉末，并且非常微小（图 2.2～2.4）。

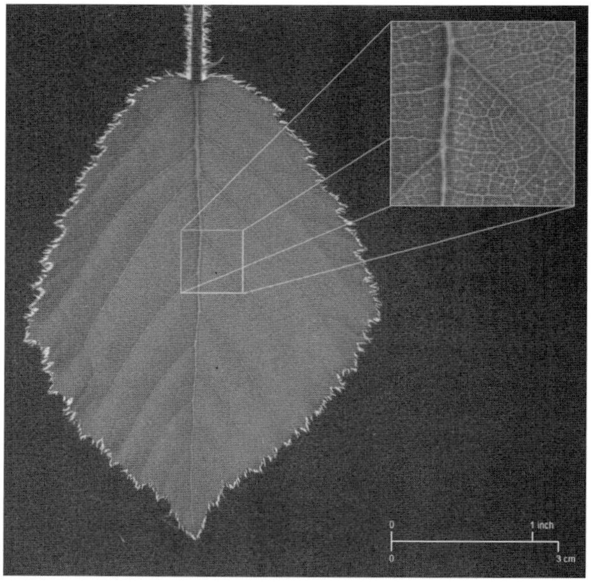

图 2.1 悬钩子叶片中的脉管系统（蔷薇科 Rosaceae，悬钩子属 *Rubus* sp.）（本照片由维基共享资源以及理查德·惠勒网 www.richardwheeler.net. 提供）

图 2.2 波士顿肾蕨等维管孢子植物常常作为观赏植物用于城市景观设计（本照片由杰森·H. 伯德博士提供）

图 2.3　蕨类植物的树叶由成组的羽状叶组成，茎部常埋在地下，例如图中这株心叶三脉蕨（本照片由杰森·H. 伯德博士提供）

图 2.4　许多蕨类植物都非常细小，因此往往很难被注意到，例如这株南方葡萄蕨（本照片由杰森·H. 伯德博士提供）

种子植物

针叶树（conifers）　针叶树包括了某些能产生种子的灌木和乔木。针叶树的种子【译者按：即胚珠】裸露在子房外，但种子的外壳覆有椎状鳞片，例如松树、冷杉树、香柏树和紫杉树等。绝大部分的松柏类植物是常绿植物并广泛分布于全世界各个地区。

苏铁（cycads） 苏铁是一种类似棕榈的热带植物，其坚硬而形似蕨类的羽状叶从木质的树干顶端呈簇状向外生发（图 2.5）。

图 2.5 类似帝王苏铁一类的植物很容易和棕榈相混淆（本照片由杰森·H. 伯德博士提供）

开花植物

开花植物是目前地球上种类最为繁多的植物类群。大部分的草本植物和木本植物都属于开花植物。开花植物主要分为单子叶植物和双子叶植物两大类，这种分类主要是依靠形态学而不是按照遗传学系统分类。开花植物的种子大多保存在果实内，例如橡子、苹果、稻谷、向日葵和柑橘等。

单子叶植物（monocots）

绝大多数单子叶植物是草本植物，其种子破土萌发为胚芽时仅具有一枚子叶。除了仅具一枚子叶这个特点，单子叶植物的特点还有叶片为平行叶脉、花朵不显眼、花瓣数为 3 的倍数，而且缺乏次生生长【译者按：即茎干增粗生长】。典型的单子叶植物有稻草、莎草、灯芯草、棕榈、百合花以及兰花等（图 2.6～2.9）。

图 2.6　稻草是典型的单子叶植物，图示为钝叶草 *Stenotaphrum secundatum*（*Walt*）*Kuntze*（本照片由杰森·H. 伯德博士提供）

图 2.7　莎草和稻草形态比较类似，也是一种典型的单子叶植物（本照片由杰森·H. 伯德博士提供）

图 2.8　极少数单子叶植物为木本植物，例如棕榈（本照片由杰森·H. 伯德博士提供）

图 2.9　（a）许多棕榈并不会长成参天大树，而是仅仅有普通观赏植物大小。（b）图示为针棕榈（本照片由杰森·H. 伯德博士提供）

双子叶植物（dicots）

双子叶植物种子破土萌发为胚芽时具有成对的子叶，是一类阔叶植物。双子叶植物的叶脉呈网状，花朵通常大而明显，花瓣数为四或五的倍数，并且往往存在次生生长。典型的双子叶植物有山胡桃、橡树、豆类、薄荷以及紫苑等（图 2.10～2.14）。

图 2.10　双子叶植物大多是阔叶树，例如图中这株橡树（本照片由杰森·H. 伯德博士提供）

图 2.11　双子叶植物的幼芽均有成对的子叶（本照片由杰森·H. 伯德博士提供）

图 2.12 由于某些双子叶植物花朵大而鲜艳，因此常作为观赏植物广泛栽培（本照片由杰森·H. 伯德博士提供）

图 2.13 马缨丹属是一种常见的草本灌木，这种双子叶植物因抗旱耐寒而出名。它们在城镇和乡村均有分布（本照片由杰森·H. 伯德博士提供）

图 2.14　白花丹属是一类在城市景观设计中应用极其广泛的灌木型双子叶植物（本照片由杰森・H. 伯德博士提供）

非维管植物

非维管植物体内没有能够运送水分和营养的维管系统。犯罪现场中人体最容易接触到的非维管植物就是各种苔藓植物。

藓类植物（mosses）

藓类植物是一类小型的多细胞绿色植物，植物体有类似茎、叶的组织，但实际上并没有真正的根茎叶分化。藓类可以沿着垂直表面攀援生长，并通过孢子囊来繁殖（图 2.15）。

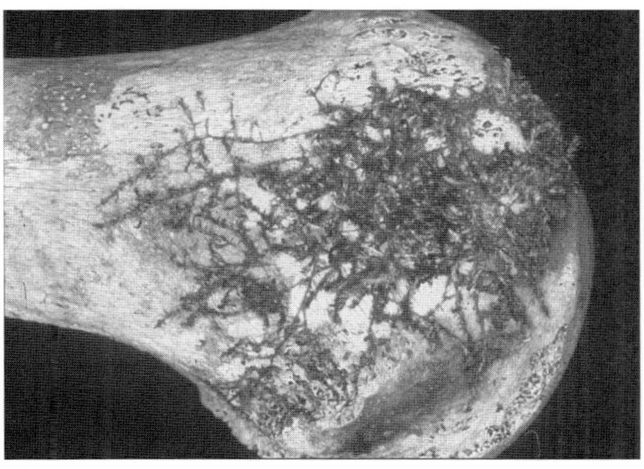

图 2.15　藓类在人类遗骨上的生长情况可用于推断粗略的死亡时间（本照片由杰森・H. 伯德博士提供，照片细节请参阅彩页部分）

藻类（algae）

藻类也是含有叶绿素并能进行光合作用的非维管植物，它们同苔藓植物一样没有真正意义上的根茎叶分化。藻类可以是单细胞生物，也可以是多细胞生物。藻类广泛分布于全球各地，其中绿藻的分布尤为广泛。藻类从水体到略微潮湿的土壤环境都能生存。大量的藻类繁殖就会形成“水华”。根据藻类的颜色不同，可以分为几大类群：蓝绿色、绿色、金棕色、褐色以及红色。蓝藻呈蓝绿色，广泛分布于多种环境中，尤其是海水和富硝酸盐环境。在一些高污染的水体中，那些蓝绿色至黑色、滑腻伴恶臭的漂浮团块通常就是蓝藻（图2.16）。绿藻最为人熟知的就是淡水中的水华。金棕藻主要分布在淡水和海水的水体上层，硅藻就是这一类群的代表。硅藻广泛分布于淡水和海水水体中，有时也能形成水华。褐藻大多是海生，它们生长在海底，部分种属长有充气的气囊，能够使本体的上半部分浮于海水表层进行光合作用。红藻也绝大部分是海生，通常生长在海底表面【译者按：也常附着于其他植物表面】。红藻分布远较其他藻类深，有时可达海平面下 200 m，例如海底极为常见的多管藻和部分水华等。与普通陆生植物相比，藻类可以提供嫌疑人作案地点以及被害者死亡时间的特殊线索。某些藻类在特定的生态地理环境中的分布是独一无二的，其聚集的区域也有鲜明的特点，因此通过多种不同的藻类综合分析就能定位到某个特定的水体。某些藻类例如硅藻有耐腐败的硅酸盐外壳，这些外壳在自然条件下能保存数千年之久。硅藻一类的证据非常重要，但和其他微量物证一样都必须由专家来处理与分析。本书的第五章将会对藻类的相关法医学检验进行详细介绍，在此不再赘述。

图 2.16　藻类的存在能将某人或某物与特定的水体联系起来。图示为蓝藻形成的水华（本照片由杰森·H. 伯德博士提供，照片细节请参阅彩页部分）

传统上被植物学专家研究的非植物类群

真菌（fungi）

真菌是一类缺乏叶绿素但含有其他营养成分、依靠孢子繁殖的生命形式。常见的缺乏光合作用而又类似植物的真菌就是各种蕈类。过去学术界曾经认为蕈类属于植物界，但近年来的研究发现它们更接近于动物。蕈类俗称蘑菇，是真菌的一大类群。蕈类的子实体由菌丝所组成，菌体依靠这些菌丝来分解有机物提供营养。许多蕈类同时具有地下和地上部分。蕈类的孢子与花粉相类似，其形体非常微小，并能借助气流、水流、昆虫以及其他大型动物来传播。蕈类的孢子和菌丝都能用于死亡时间推断以及尸体曾经所在地点推断。除了蕈类外，酵母菌、霉菌、毒蕈、黑粉菌、柄锈菌等都是典型的真菌（图 2.17，2.18）。

图 2.17　图示为生长在松树树干上的一种真菌“柄锈菌”（本照片由杰森·H. 伯德博士提供，照片细节请参阅彩页部分）

图 2.18 层孔菌常见于森林环境中，其生长速度可用于事件发生时间推断（本照片由杰森·H. 伯德博士提供，照片细节请参阅彩页部分）

和现场中的其他植物一样，真菌生长的速度可以用于确定某个事件的发生时间。例如在某个案件中，一辆汽车与火车在铁道公路交汇口相撞。在案件调查过程中，现场勘验人员发现交汇口处的火车警示牌被撞倒了。现场勘验人员无法确定这个警示牌是否是在该次撞击事故中被同时撞倒还是之前就已经倒了。如果该警示牌在事故发生前仍然矗立，那么铁路部门的责任就比较小。真菌在该案中可以用于协助推断交汇口的警示牌倒伏的时间长短。经勘验发现，该警示牌的基座断裂口上已经生长了很多真菌。经种属鉴定和计算，显示该真菌的生长时间远远超过了事故发生的时间点，因此该警示牌应倒伏了相当长一段时间。

地衣（lichens）

地衣是由藻类与真菌形成的共生联合体。近些年来的研究发现，每一个独立的地衣都是由若干种真菌以及一至数种藻类组成，其繁殖由真菌来完成。地衣的颜色多种多样，但通常都很鲜艳。地衣的生长存在以下几种模式：壳状、叶状、枝状以及胶状。壳状地衣形如一层菲薄的壳紧紧地贴附在树干、岩石和土壤表面，很难在不破坏其完整性的情况下将其分离下来。叶状地衣由大量微小易碎的波浪形假叶聚集形成，并且很容易从其附着的介质表面剥离。枝状地衣呈树枝状，直立或悬垂，仅基部附着在介质上。胶状地衣则是黑色至青黑色的明胶状污斑（图 2.19～2.21）。

图 2.19　壳状地衣是藻类和真菌形成的共生性群落。地衣的生长速度在某些事件发生时间的推断中有着相当高的价值（本照片由杰森·H. 伯德博士提供）

图 2.20　图示一种常见的叶状地衣，多生长在某些特殊环境的多孔介质表面（本照片由杰森·H. 伯德博士提供）

图 2.21 枝状地衣呈树枝状，易与附着的介质表面分离（本照片由杰森·H. 伯德博士提供，照片细节请参阅彩页部分）

植物与其栖息地的关联

生态学

植物大多是聚集在一起生长，其生态群落组成由植物栖息地的土壤、气温、风力、湿度、海拔高度以及地理经纬度等条件共同决定。某种生物生活的特定环境就称之为栖息地或生境（habitat）。森林和沙漠是两种最容易辨别的植物生境。有些植物生境分布极为广泛，例如北方针叶林，而另一些则分布相当有限，例如美国佛罗里达半岛中部地区的灌木丛（图 2.22）。因此，在不常见甚至是罕见的植物生境发现的植物证据显然具有极高的案件侦查价值。

所有的生境都是由某些优势物种支配着，因此我们对生境的命名通常就以优势植物来定。优势植物通常个体数量极多或是个体极为高大，例如在大草原地区的优势植物就是数种野草，而在柏木沼泽则主要是高大的柏木，尽管柏木林中还有数量更多的灌木和草本植物。

由于生境的名字通常代表着其中的优势植物种类，该优势植物所生长的介质也能由此确定。例如沼泽地有死水和树木；草原有空旷的草地；平原树林海拔低且有大量的树木；苔原空旷平坦泥泞多，海拔高且荒芜；森林里充满了各种树；热带稀树草原上树木散在或成丛分布；沙漠荒芜少雨；沟渠有细长的人工壕沟。其他一些描述性词语可以将某生境联系到特定的气候条件，例如热带、温带和寒带。

图 2.22 图示为一个典型的佛罗里达灌木丛生境。这类植物生境往往局限在某个特定的地理区域，包含了成百上千种生物，其中的许多种类都能将某人或某物和该特定地点联系起来（本照片由戴维·W. 霍尔博士提供）

大部分的植物群落已经被植物学家们研究并描述过。一旦鉴定出了一种植物，那么可以据此推断出在同一生境下生长的其他相关植物。对于某一植物证据，植物生态学专家可以根据植物间的关系而获得更多的相关信息。即使仅仅只是确认了现场中的某一种植物，有时也能将某人或某物和某特定地点联系起来。

植物生境无法确定

许多植物广泛分布于多种生境中，例如某些杂草在所有农耕地区都很常见。在这种情况下，植物生境是无法确定的，但某些特殊的植物仍然能够提供一些相关信息。大部分的植物证据至少能够提供其生长的地区是湿润还是干燥，或者是否是尸体被发现地区的原产植物（图 2.23）。某些杂草在多种生境中都有广泛分布，例如钝叶拿身草（*Desmodium incanum* DC.，图 2.24）。该杂草几乎能生长于任何空旷或受到扰动的干燥生境中。由于该杂草无法在湿润的环境中生长，因此如果出现在现场，可以证明某人到过一个干燥的生境。

图 2.23 典型的干燥、空旷、杂草丛生且被割过草的区域，钝叶拿身草（*Desmodium incanum* DC.）在这种生境中很常见（本照片由杰森·H. 伯德博士提供）

图 2.24 钝叶拿身草（*Desmodium incanum* DC.）很容易黏附到衣物和动物皮毛上。该杂草碎裂分离的部分能够证明某人或某动物到过某个特定的生境或特殊的地理环境（本照片由杰森·H. 伯德博士提供）

植物形态学与生物学特点

植物通常是由各种不同的结构组织如根部、茎部、树枝、叶子和花朵等组成。许多植物都有独特的组织结构，而植物系统分类学专家也多据此对其进行命名。不同种属的植物叶子形态、颜色以及叶子尖端、基部和叶缘的形状都各不相同。不同植物的叶序排列规律存在差异，并且有些有叶柄，有些则没有。同样的，不同植物的茎、枝干排列以及根系形状也是千差万别。

植物学家对各种不同的植物的分类原则主要是依据植物花朵与果实的不同。但是花朵与果实并不是总能在犯罪现场找到，因此在实践中必须使用其他一些植物的生物学特点来进行种属鉴定。在现场中找不到花朵与果实的情况下，植物证据的种属鉴定会更困难一些，有时结果还无法肯定。除了花朵与果实，某些生物学特点例如叶子上的绒毛和鳞片由于太微小，在不使用放大镜的情况下肉眼极难分辨（图 2.25）。

图 2.25　毛状体也称为植物绒毛，其具有很多独特的功能，例如阻止动物食用或调整叶片微环境等（本照片由杰森・H. 伯德博士提供）

植物名字的用途是显而易见的，那就是植物的名字是该植物所有相关信息检索的依据，因此了解植物的名字是植物种属鉴定的关键。植物学实践、图书馆资料以及相关植物学专家都是最好的植物分类学资源，但没有植物的名字，一切都无从谈起。

法医与其他现场勘验人员需要了解的植物基本特点

为了更好地辅助各类现场勘验人员，植物的基本特点简要地总结如下：

在积累了多年的法医植物学培训经验后，模拟犯罪现场情境对现场勘验人员进行培训情况显示，最为关键性的植物证据往往都被学员们忽略了。对于大多数学员来说，虽然能认出某物质是植物的一部分，但却无法将多种植物区分开来。下面将就如何识别犯罪现场中各种不同的植物证据来详述，部分植物的生物学特点是必须掌握的。

植物习性与结构

在植物学中，植物习性指的是植物生长的趋向性。最大的一条植物习性区分就是木本植物和草本植物（非木本植物）。

木本植物（woody plant）

木本植物是指那些根与茎部表皮高度木质化的乔木或灌木。乔木与灌木的区别在于前者有唯一的主干，而后者主干有较多分支（图 2.26）。许多木本植物仅有木质的茎干而没有木质的枝条。木本植物几乎都是多年生的，有些能活数年，有些则能活数百年（图 2.27）。

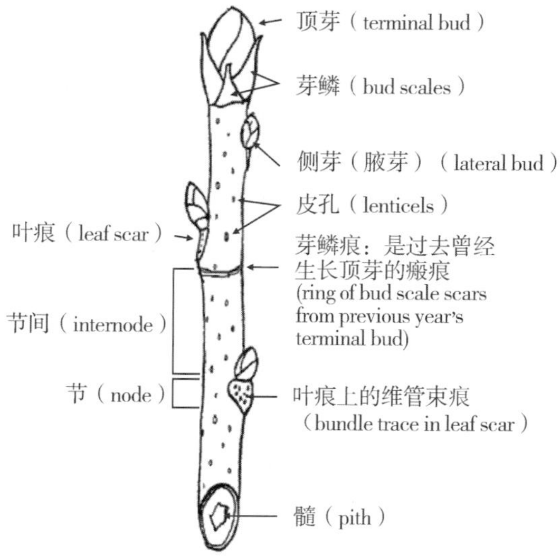

图 2.26 典型的木本植物茎干（本照片由克莱门森大学附校提供）

图 2.27　目前全球已知的最古老的植物——玛士撒拉树（Methuselah）（本照片由知识共享-野生朋友网站的麦克·科瑞比斯提供）

草本植物（herbaceous plant）

草本植物是植物界中数量和种类最多的一类，它们缺乏坚硬的木质茎干。草本植物和草药常被人们所混淆，事实上后者通常是指用于治疗疾病、调味或食用的植物（图 2.28，2.29）。

图 2.28　图示一株正在开花的草本植物（本照片由杰森·H. 伯德博士提供）

图 2.29　图示一株草本植物的茎干顶端（本照片由杰森・H. 伯德博士提供）

茎（stem）

茎是植物体上能生出树枝幼芽的部分。茎的形状因植物种属不同而各异，有些是圆柱形，有些是类方形，有些则是一到两个面平坦，其他面呈圆弧形、凹槽形或凸起形。部分植物的茎生长在土壤以外，有些种类的植物茎则生长在土壤里面。土壤以外的茎部可以是垂直的，也可以是倾斜或沿某个表面匍匐蔓延。地下茎往往是与地面垂直或与地面平行地生长。有些植物的地下茎特化为营养储存器官例如土豆的块茎，其上有许多瘢痕一样的"芽眼"，可以和其他植物的地上茎一样生发枝条。另外一些植物的地下茎特化为了球茎，在地下茎贴近土壤表面的部分膨大呈球状（图 2.30，2.31）。

图 2.30　对植物茎部形状的了解能辅助鉴定植物种属，因此在搜集植物标本时必须要对植物的茎部形状和特点进行描述（本照片由杰森・H. 伯德博士提供）

图 2.31　圆柱形茎部是最常见的植物茎部类型，现场勘验人员需要注意的是并非所有植物的茎部都是圆柱形，因此在现场对植物证据拍照时必须拍一组茎部细节照片（本照片由杰森·H. 伯德博士提供）

叶（leaf）

叶是植物地上部分特化以进行光合作用的器官。因此，大部分的植物叶都是扁平且较薄的，这样的形状能使叶面最大限度地吸收阳光。在绝大多数情况下，我们见到的叶子都是从植物茎部和枝条上生长的，在花朵内生长的叶极为少见。不同植物的叶子形状种间差异较大，植物学家也常常以那些特殊的叶子给植物命名。对于大部分的植物来说，每片叶子都是由叶片（blade）和叶柄（stalk）所组成的。了解了植物叶子的特点，现场勘验人员才能正确有效地采集这些植物证据。所有的犯罪现场勘验人员至少都应该了解如何将不同种类叶子分类采集。在对植物证据现场检验记录中，植物叶子的以下一些特征和特点必须进行描述：

叶序（leaf arrangement）

叶在茎上排列的方式称之为叶序，其主要有对生、互生、轮生等几种【译者按：还有小部分植物如马尾松、雪松等的叶序为簇生】。绝大多数的植物为互生叶序，因此现场发现的拥有对生或轮生叶序的植物证据就能较快鉴定出种属（图 2.32～2.34）。

图 2.32　图示对生叶序的藤本植物（本照片由杰森·H. 伯德博士提供）

图 2.33　图示一种互生叶序的观赏植物（本照片由杰森·H. 伯德博士提供）

图 2.34　轮生叶序的植物是最少见的，因此也最容易鉴定其种属（本照片由杰森・H. 伯德博士提供）

叶子类型

单叶（simple leaf）　一个叶柄上只生一片叶片的叶子叫做单叶。单叶可以是完整的，也可以是有缺裂的，但其缺裂绝不会延伸到叶片的中脉。大部分的单叶有叶柄，但也有部分植物的单叶无叶柄（图 2.35）。

图 2.35　图示一种有缺裂的叶子，其叶柄非常短，叶片几乎是直接连接到茎上（本照片由杰森・H. 伯德博士提供）

复叶（compound leaf）　多枚分离的小叶同时着生在同一个叶柄上就称

为复叶，其叶柄有时可不明显。复叶发出的小叶不再继续分离，称为一回复叶；发出后再散发出叶子的，称为二回复叶；若连续发出三段后才形成叶子，则称为三回复叶。复叶分离出的叶片称小叶（leaflet），复叶各回间可能有也可能没有叶柄与小叶相连（图 2.36，2.37）。

图 2.36　图示为拥有三片小叶的一回复叶，居中的一枚小叶叶柄特别长（本照片由杰森·H. 伯德博士提供）

图 2.37　图示拥有大量小叶的一回复叶，所有的小叶都没有叶柄（本照片由杰森·H. 伯德博士提供）

叶缘（leaf margin）

叶缘即叶片的边缘部分。虽然同一株植物的叶子大小不会完全一致，但它们会发育成相同的大体形状和边缘。因此，叶缘有时也可以作为植物证据种属鉴定的重要依据之一。植物叶子的叶缘要么是平滑的，要么呈齿状。齿状叶缘也分为很多类型，如直锯齿、前弯锯齿、钝锯齿、锐锯齿、双锯齿、大锯齿和小锯齿等（图 2.38，2.39）。

图 2.38　图示具有锯齿状叶缘的叶子（本照片由杰森·H. 伯德博士提供）

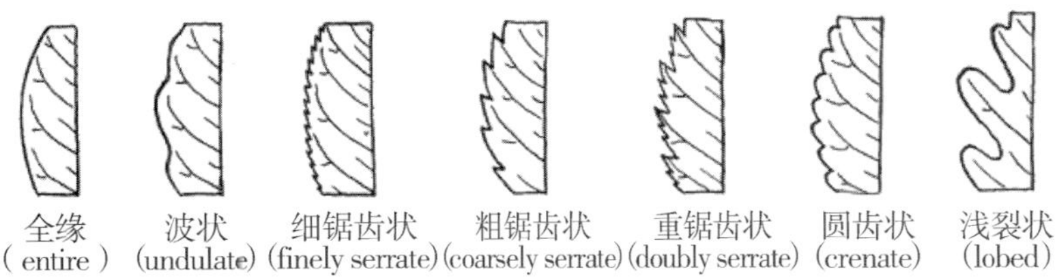

图 2.39　几和不同的叶缘比较（本照片由克莱门森大学附校提供）

叶片缺裂（lobe）

叶片缺裂的数目是植物种属鉴定的重要特征之一。有些植物叶片缺裂形状与数目都比较规则，有些则二者均不规则。叶片缺裂边缘往往呈齿状，有时缺裂可能很难与大型锯齿相区分（图 2.40）。

叶端（leaf tip）

植物叶片的尖端称之为叶端。叶端可以是钝形、急尖形、芒尖形、短尖形、微缺形以及倒心形等（图 2.41）。

图 2.40 叶片上的缺裂有时会延伸得比较长。图示的叶片为掌状深裂，并且叶缘为前弯锯齿状（本照片由杰森·H. 伯德博士提供）

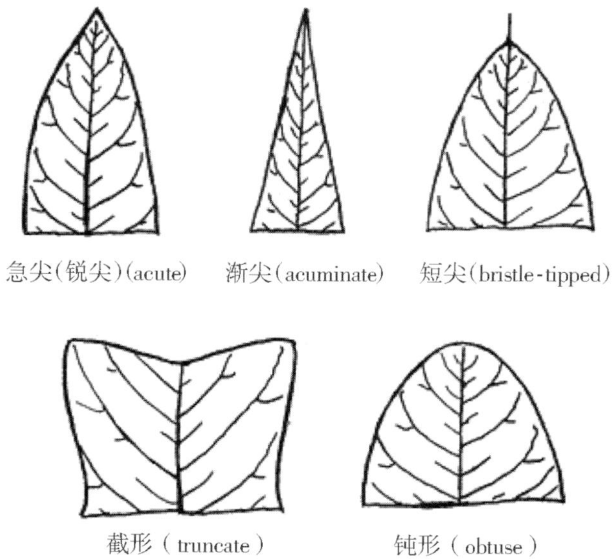

图 2.41 几种常见的叶端类型比较（本照片由克莱门森大学附校提供）

叶形（leaf shape）

最常见的叶片大多呈椭圆形（类似橄榄球状）、圆形、披针形（底部宽端部窄）、倒披针形、长椭圆形（两侧叶缘平行）、心形、卵形、镰形（形似弯月）、剑形以及其他一些罕见类型（图 2.42）。

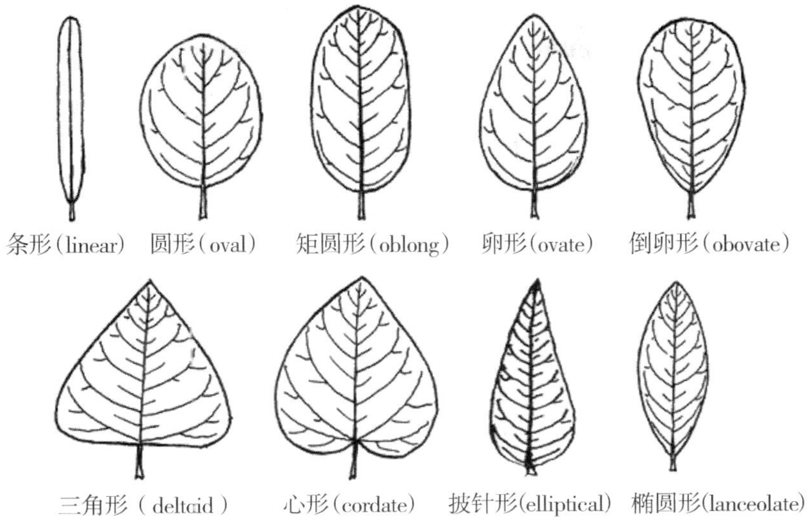

图 2.42 几种常见的叶形比较（本照片由克莱门森大学附校提供）

微绒毛 *(hair)*

植物的微绒毛又称为毛状体（trichomes），其常着生于叶片和叶柄上。植物微绒毛有许多种不同的类型，而同一植物的同一部位可能会同时着生着多种不同的微绒毛。植物的微绒毛千差万别，有些是单细胞构成的，有些是多细胞构成的；有些长而呈束状，有些坚硬竖直；有些会分岔，有些五颜六色。微绒毛可以着生于植物的茎与叶的任何部位，其排列通常是直线型或覆盖整个表面。有些微绒毛是沿着叶脉或叶缘生长的（图 2.43），这类微绒毛有许多种不

图 2.43 植物微绒毛也称为毛状体，密集地覆盖在叶片的上表面（本照片由杰森·H. 伯德博士提供）

同的功能。例如某些植物的微绒毛特异性硬化为尖刺来避免食草动物的啃食；某些植物表面密集的微绒毛能将霜雪隔离在表皮细胞之外；在干燥环境中，植物的微绒毛可以减慢气流，从而降低水分的蒸发；某些由微绒毛特化的坚硬外壳还能反射太阳辐射或是从晨露和降雨中收集、储存水分。

根（root）

对于植物证据的种属鉴定来说，植物的根部也往往是非常重要的鉴定依据之一，但由于根部通常生长在土壤里面，现场勘验人员很难发现并充分利用它们。从形态学上来说，根部与茎部的最大区别就是根部一般无法萌发枝条的幼芽。植物的根部根据其形态的不同可分为须系根和直系根。须系根系统是从植物的茎节基部向外扩散生长出的许多不定根，每个不定根上又会再分出更多细小的分支。直系根系统有一根粗壮发达的主根，主根垂直向下生长并从侧面向外发出细小的分支。由于单独的植物根部可能极难进行种属鉴定，因此了解根系的类型就相当有用了（图 2.44，2.45）。

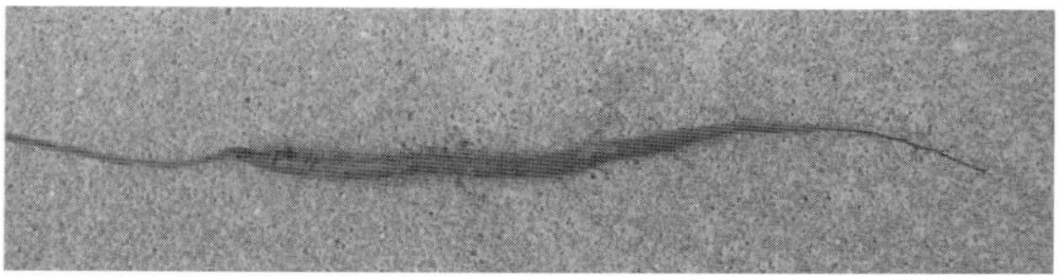

图 2.44 图示为一直系根植物的发达主根（本照片由杰森·H. 伯德博士提供）

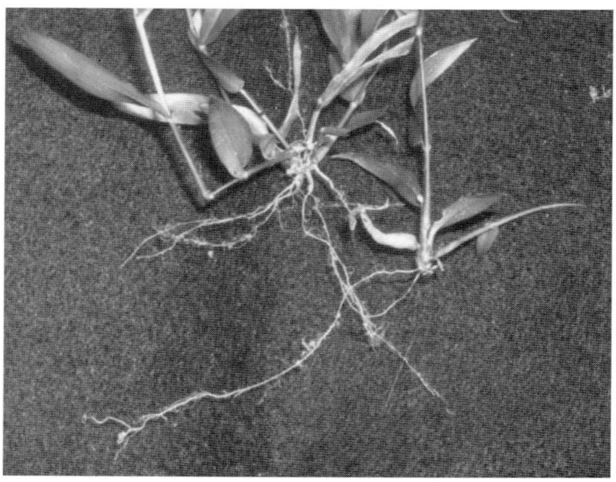

图 2.45 须根都是由植物茎节基部生发出来的（本照片由杰森·H. 伯德博士提供）

花 (flower)

对于现场中的植物证据，花朵是鉴定其种属的最主要依据。植物的花朵通常由萼片（sepal）、花瓣（petal）、雄蕊（stamen）和雌蕊（pistil）所组成。多个萼片组成花萼（calyx），是花朵的第一层。大多数植物的花萼是绿色的，萼片的数目与花瓣的数目相同。所有花瓣组合成花冠（corolla），形成花朵的第二层。花瓣通常色泽非常鲜艳绚丽。雄蕊通常位于花瓣内侧并形成花朵的第三层，是开花植物的雄性生殖器官。雄蕊大多为锤状，柄状结构的顶端连接着花粉囊（anther）。当花粉成熟后，就可以对另一株同种的植物进行授粉（图2.46）。雌蕊位于花朵的正中央，是开花植物的雌性生殖器官。雌蕊的顶部是富黏性的柱头（stigma），其能够黏附花粉；其底部是子房（ovary），二者由花柱（style）连成一体（图2.47，2.48）。

图2.46　图示花粉囊上附满了花粉（本照片由杰森·H. 伯德博士提供，照片细节请参阅彩页部分）

果实 (fruit)

果实是成熟的植物子房，它提供给植物繁衍的能力。有些植物的果实外壳坚硬，中心含有单个种子，例如橡子、山核桃和椰子等；有些植物的果实外层为肉质，内里包含了单一种子，例如李子和冬青；有些果实外层为肉质，内里则包含了多个种子，例如土豆、香蕉和蓝莓等；其他一些种子是果仁（向日葵和薄荷）、充满种子的囊（牵牛花、桉树、紫罗兰等）、集簇生长（蓝莓和覆盆子）、干扁或肉质的荚膜（豌豆和花生）或是带翅形外壳（枫树和榆树，图2.49和2.50）。

图 2.47　图示五枚花瓣围绕着许多雄蕊和雌蕊（本照片由杰森・H. 伯德博士提供）

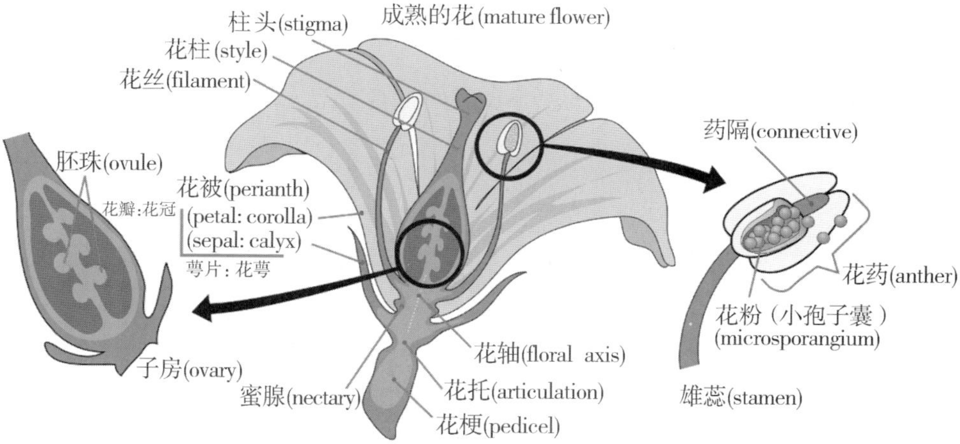

图 2.48　典型的花朵结构示意图（本照片由维基百科—知识共享的玛丽安娜・鲁伊兹提供）

植物的播散

对于植物来说，有很多种繁殖策略可供选择，有些只有单一的一种方式传播种子，有些则有多种方式，另外还有一些可以通过扦插的方式进行无性繁殖。为了更有效地进行繁殖，植物的种子必须离开母体传播一段距离。有些植物的果实被动物吃掉后难以被消化，种子就会被携带到远处（图 2.51，2.52）。由于包括人类在内的大部分动物在吃蔬菜、水果等植物果实的时候都会无意间将种子一起吞食，并随着排便将种子播散到离原产地很远的地方，因此这一播散机制是非常有效的。

图 2.49　图示每个肉质果实中包含单一种子（本照片由杰森·H. 伯德博士提供）

图 2.50　橡子坚硬的外壳下包含单一的种子（本照片由知识共享—野生朋友网站的布莱恩特·奥尔森提供）

有些植物的种子非常轻，外壳上还有一些绒毛和薄翼（图 2.53）。这类种子往往比较小，因此便于随风播散。风媒的种子和果实常常还能漂浮在水面上或悬浮在水中，因此可以随着水流而快速播散。一些小而轻的种子和果实甚至能随着雨滴播散一小段距离。

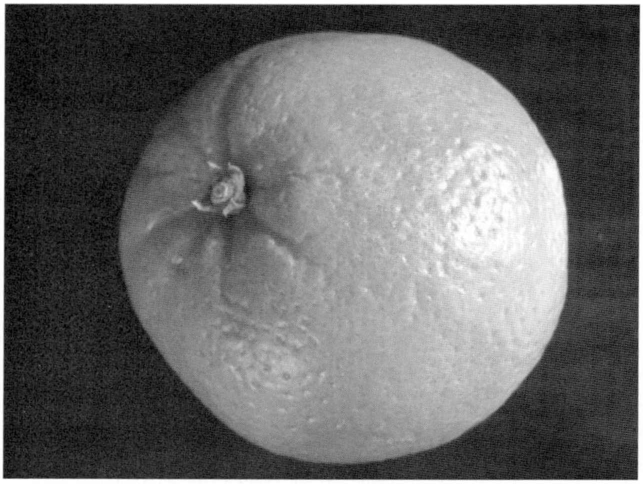

图 2.51　一些可以食用的水果如柑橘常含有大量种子，但一些人工栽培的作物可能没有种子（本照片由杰森·H. 伯德博士提供）

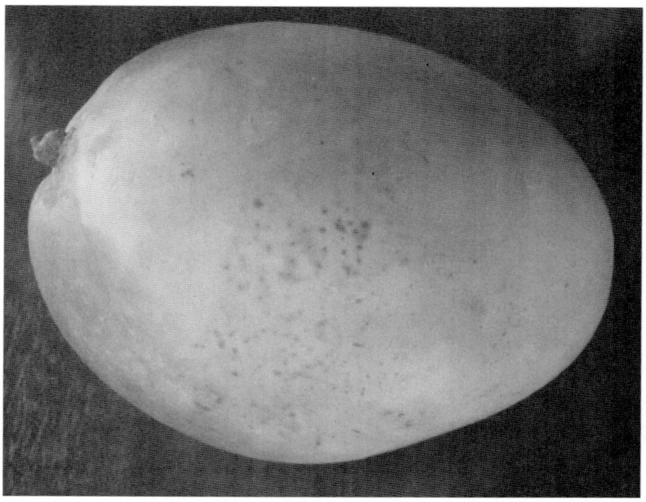

图 2.52　有些可以食用的水果如芒果只含有单一的种子（本照片由杰森·H. 伯德博士提供）

图 2.53　有些植物例如红枫的种子宽阔扁平，能够随着风播散（本照片由杰森·H. 伯德博士提供）

植物的花朵、果实、种子以及其他一些部位常常有钩状突起、绒毛、尖刺、黏性液体或者易破碎，这些特化的形态结构非常容易附在路过的人和动物身上。动物身上能携带植物种子播散的不仅仅是它们的皮毛，有些微小的果实和种子还可以夹在它们脚底上的泥巴里播散出去。植物的繁殖体常常黏附在人类的衣物上，而沙马棘一类植物的尖刺可以轻易刺穿人体皮肤（图 2.54，2.55）。如今，借助人类制造的各种交通工具，植物能够将其后代播散非常远的距离。

很多植物的种子或繁殖体非常微小，有些直径或甚至小于 0.1 mm，而花粉则更加微小（花粉将在第六章中详细介绍）。寻找到并鉴定这些极度微小的植物证据常常需要使用放大镜进行细致的勘验。对于犯罪现场勘验人员来说，一个手持式的放大镜是搜索植物证据所必需的。

对于现场中采集到的植物证据，最关键的是要有合格的植物学专家对植物进行种属鉴定，并对该证据在案件中的意义进行诠释。园艺专家虽然也了解一些景观植物的信息，但对于要求相对更加严谨的法庭科学实践来说还不够专业。

图 2.54 有些植物的果实长满了能够轻易刺穿动物和人类皮肤的尖刺（本照片由杰森·H. 伯德博士提供）

图 2.55 其他一些植物果实端部可长有毛刷一样的纤维和绒毛，非常容易和路过的动物的毛发缠结在一起，也能黏附在人类的衣物上（本照片由杰森·H. 伯德博士提供）

第三章 植物证据采集与分析

戴维·W. 霍尔 博士，杰森·H. 伯德 博士

植物证据采集工具

由于细胞壁的存在，植物在干化后仍然能保存绝大部分外形结构。因此，现场中采集到的植物证据在大多数情况下只需用吸水纸简单地压住自然干化就能长期保存。虽然果实、花朵等肉质结构的颜色和形状在脱水干化后会有一定程度的改变，但这些特征可以在采集前进行文字记录和拍照留证。对于植物证据来说，在采集制作干化样本前进行全方位的拍照是非常有效的固定证据的方式。因此，现场勘验人员需要理解的是植物证据并不一定需要是绿色的。植物证据的最佳保存方式就是夹在比较厚的报纸、电话黄页簿、记录本或者便宜的标本台纸中压制成干化标本（图 3.1）。纸袋也可以用于风干和保存标本，但如果纸袋遭到碰撞，里面的干化标本也容易被撞碎。对于个体较大或者较粗壮的标本，还可以使用厚的瓦楞纸板箱来保存。

图 3.1　图示为商业出售的植物标本夹（本照片由杰森·H. 伯德博士提供）

在采集和记录蕈类样本时，必须先拍照记录蕈体地面部分的颜色和形态。蕈类样本只能使用瓦楞纸板箱来保存。如果手头没有纸板箱，可以先用纸袋封装，带回实验室后再改用纸板箱保存。藻类样本以及植物 DNA 的采集将分别在本书第五章和第九章进行详细介绍，在此不再赘述。

由于植物证据大多都是使用纸制品来保存，为了保持证据链的完整性，证据采集地点、证据移交记录等都可以直接标记在标本台纸或纸板箱上（图 3.2）。对于单一植物标本，必须记录其案件编号和现场样本编号，并同时在样本上粘贴标签。同时，关于该植物证据的其他一些相关信息，例如采集日期、具体采集时间（精确到分钟）以及具体的采集地点等都必须记录在案。现场周边调查走访笔录中与植物证据相关的部分也需要整理后转记到植物证据记录单上。现场所在地、植物证据在现场中的空间分布情况以及现场内是否有公路、湖泊或其他易于辨识的地标都也必须进行详细记录。

图 3.2 植物证据样本的种属鉴定结果也可以直接标记在压制标本的台纸上（本照片由杰森・H. 伯德博士提供）

肉质植物往往含有大量的水分和糖分，这两种成分都容易导致细菌和真菌繁殖，尤其是含高糖和（或）水分的植物标本很快就会腐败分解。如果同时气温也很高，采集到的植物证据样本上可辨认的形态学特征可能几小时就会丧失，2～3 天整个样本都会完全腐败分解。因此，为了防止采集到的植物证据样本腐败分解，切忌使用塑料袋或其他任何密闭容器来保存样本。但是，如果某些植物证据嵌在尸体上或本来就浸泡在水体中，那么可以将样本放在塑料容器中【译者按：例如大号离心管】并放入专门的冰箱或冷柜中冷藏保存，待有条件时再将其脱水干燥。在现场中如果没有专门的冷藏设备，可以使用装了冰块或冰袋的密闭容器作为临时代用品。但是，植物证据样本切忌直接放置在冰块上，以免细胞急速冷冻后损伤样本。如果植物证据样本被冻住，植物细胞和组织都会变得脆弱易碎，一些可辨认的重要形态学特征都容易损坏。任何保存在塑料袋中是植物证据样本的都必须尽快放入冰箱中冷藏和后续种属鉴定。需要注意的是，虽然新鲜的植物证据样本冷藏后腐败速度会减慢很多，但冷藏不能完全阻止其腐败进程（图 3.3）。因此，冷藏的植物证据样本越迟，种属鉴定成功的难度也越大。总而言之，正确地将样本脱水干燥是最佳的植物证据保存方法。

图 3.3　在有条件进行压制干化前，小型便携式冰箱是非常有用的植物证据临时保存设备。这种冰箱一般是流动犯罪现场勘验小组的标配（本照片由杰森·H. 伯德博士提供）

为了法医植物学专家能够更好地分析植物证据，犯罪现场勘验人员需要尽快拍照、采集尸体上和尸体周边的植物证据，并采用本章末尾附表 3.1 的格式记录所有相关信息，现场中采集到的每一个植物证据样本都必须采用统一的记录方式。如果可能的话，小型的植物证据最好整株保存。推荐使用园艺铲或工兵铲将植株连根一起挖出（图 3.4）。将植株的根系全部挖出后，应把根系上附着的泥土全部清洗掉后再夹入标本夹中脱水干燥。如果样本个体过大，无法原样放入标本夹中，可以将标本折叠成 Z 字形或手风琴形保存（图 3.5）。如果标本较硬无法折叠，可以将标本分成两段或多段，分别标记连接顺序后再保存（图 3.6）。分段保存的植物证据样本可以保存在不同标本台纸叶面，但必须使用同一个样本编号，例如 XXX -上段、XXX -中段和 XXX -下段。

图 3.4 小型植物必须使用园艺铲或小工兵铲将整个根系全部挖出保存（本照片由杰森·H. 伯德博士提供）

图 3.5 (a) 大型植物可以用小刀或修枝剪从地面平齐的部位断离；(b) 许多植物的茎特别长，因此很难整体保存；(c) 这类植物证据样本可以折叠成 Z 字形或手风琴形以便于运送和保存；(d) 封装好的干化样本可以很容易地解封并进行鉴定（本照片由杰森·H. 伯德博士提供）

续图 3.5

对于个体极为巨大的植物，仅仅只需保存该植物最具标志性的一部分就行(图 3.7)。例如将某种植物的枝条或叶脉修剪到 20～30 cm，再带上完整的叶子就非常适合作为证据保存了，并且便于进行种属鉴定。植物与人类一样具有丰富的种内多样性，因此同种植物的样本需要多取几份以便于后续种属鉴定工作的开展。一定要确认现场中有无与案件相关的花朵和果实，如果有的话一定要每种都采集几份样本。这些样本可以用比较锋利的修枝剪或扦插刀截断。切忌使用太钝的刀锯或修枝剪来截断植物，以免损伤样本。

图 3.6 (a) 具有大型叶子的植物可以将其叶子单独剪下作为植物证据，并使用标准植物标本夹来保存；(b) 很多植物的叶子过于巨大，有时很难完整保存；(c) 由于植物的叶子绝大多数都是轴对称的，大型的叶子可以从叶子中脉一分为二，只留一半保存；(d) 图示剪切好的叶子的保存方法（本照片由杰森·H. 伯德博士提供）

某些特别细小的植物残片或种子等可以用吸水纸叠成“散剂包”的方式临时保存（图 3.8），而较厚的树根、树枝、茎干和树皮等有时可以劈开以便放进标本夹或纸板箱中。在现场中，需要仔细搜寻关键性植物所生长的地面以及周围，看是否有凋落的叶子、果实、花朵或其他一些可能有调查价值的植物残片。如果同一种植物有好几种组织结构可以采集，那么果实和花朵是首选。

所有的植物，即使是同一品种，它们开花的时间也不完全相同。因此，在现场周边仔细搜寻，有时能找到带有花朵或果实的同种植物，这也有助于植物证据的种属鉴定。

如果是多肉植物或者像橙子之类的多汁果实，要么将其切成便于放置到标本夹内的薄片，要么整体放入纸板箱内保存。如果是糖分或水分含量特别多的植物证据样本，建议先用蜡纸夹住或包裹后再放入标本夹或纸板箱，以免样本和纸粘连损坏。蜡纸即可以避免植物的肉质部分接触到纸张，还能保持样本一定的干燥性。如果样本和标本台纸或纸板箱粘在一起了，那么该样本就不能再用于案件的分析。

图 3.7　对于个体特别大的植物例如灌木和乔木，拍照记录后取一段 20～30 cm 长带完整叶序的枝条就足够了（本照片由杰森·H. 伯德博士提供）

即使不是全部，但大多数户外发生的案件现场环境中都有植物分布。这些植物即使不在中心现场，也常常在周边现场分布。此外，许多居民在家中也种有盆栽植物或插花作为装饰。绝大部分的商业建筑大门外都栽有观赏性植物，包括草坪草和野外杂草。在犯罪现场，盆栽植物和插花以及一些景观植物很可能被毁坏或碰倒。犯罪嫌疑人可能无意间走过了草坪，根据其通过的痕迹，有时能够提示犯罪嫌疑人进出现场的方向。在任何犯罪现场，只要是有损毁的植

图 3.8 现场中常用吸水纸叠成“散剂包”来临时保存一些特别细小的植物证据（本照片由杰森·H. 伯德博士提供）

物，必须将其视为可能的犯罪证据而进行标准的照相、记录和采集程序（图3.9）。和草坪草相类似，平时不太被关注的野外杂草在现场勘验中也常常被忽视。事实上，在刑事案件的侦破中，杂草往往比草坪草更有法医植物学意义，因为杂草的种子更容易播散。另外值得一提的是，在我们生活的环境中，花粉几乎无处不在。

图 3.9 犯罪现场中所有损坏的植物都可能为犯罪嫌疑人在实施犯罪过程中造成的，因此必须拍照、记录并采集植物证据样本（本照片由杰森·H. 伯德博士提供）

如果没有扁平坚硬的材料支撑，只要有稍重一点的物品压在干化的植物标本上，标本就非常容易破裂损坏。植物标本夹是保存并展平植物样本以及促进样本干化的最佳工具。植物标本夹通常由两片硬夹板或木栅栏板夹住中间的硬纸板、报纸等组成，样植物证据本就夹在纸张中间（图 3.10）。如果使用报纸来干燥植物证据样本，那么报纸两面都需要衬垫吸水纸来加速植物干燥，以免样本腐烂。瓦楞纸板也可以用于去除样本中的水分，因为瓦楞纸板非常容易吸水并从另一面蒸发掉，而瓦楞纸板的孔道也有助于空气的流动。

图 3.10　(a) 植物标本夹常使用吸水纸和硬纸板来夹紧植物吸收水分，并使得标本干燥、平展；(b) 建议每一个植物样本都必须夹在吸水纸中，然后衬垫硬纸板，最后用木栅栏板压紧后用一对松紧带或绳索捆扎（本照片由杰森·H. 伯德博士提供）

由于在犯罪现场勘验的条件有时比较困难，因此，单纯使用硬纸板制成的便携式现场标本夹会方便一些。这种现场标本夹只需要划取两块和对折的报纸差不多大小的瓦楞纸板，每个植物证据样本使用报纸对折包好后直接用这两块瓦楞纸板夹住。所有植物证据全部采集完后将所有现场标本夹全部摞起来，用松紧带收紧就可以很方便地运送到鉴定人员手中。如果没有松紧带，皮带、绳索、橡皮筋等也可以作为代替（图 3.11）。如果手头没有制作现场标本夹的材料，也可以用较厚的电话黄页簿或杂志作为临时的替用品。不管是用标本夹还是其他替用品，在夹压植物证据样本前都必须仔细地逐一编号。笔者在此推荐使用电话黄页簿作为替用品，因为这类书籍的纸张一般都比较厚，书页较重，有利于样本的干燥。不推荐使用带蜡或光滑的纸张【译者按：例如铜版纸或卡片纸】来压制干化植物标本。

图 3.11　图示为完整的现场标本夹，如果没有购买专门的植物标本夹时可以自己制作这种替用品（本照片由杰森・H. 伯德博士提供）

现场中采集到的各种植物证据应尽快送到植物学专家手中进行分类、脱水干化处理以及分析鉴定。包括植物学专家和现场勘验人员在内的所有接触到植物证据的人都需要尽可能地将该证据样本的腐坏速度降到最低。如果现场勘验人员在短时间内无法或还未打算将植物证据交给植物学专家来处理，那么每个植物证据样本都必须分开以保证充分的干燥。分开干燥的植物证据样本需要在每个样本的夹压瓦楞纸板上面加一本厚书来保持其平展。普通的植物证据样本，只要不是肉质或水分过多，通常在空调房里只要 2～7 天就能完全干化。如果使用干燥炉或其他一些专业的干燥设备，样本干化的过程还要短得多。但是，如果使用干燥炉来烘干样本，那么干燥炉必须调到最低功率或温热档。绝大部分植物分类学专家都会在实验室里使用类似的仪器设备来加快植物证据样本的干化过程。但要注意的是，采集到的蕈类样本只能放在瓦楞纸板箱中自然干燥。

犯罪现场初步记录植物证据的方法

当现场勘验人员初步勘验现场时，如果现场内有潜在使用价值的植物证据，那么首先必须对现场中那些与犯罪嫌疑人、被害者或者交通工具出入现场相关的植物证据进行评估（图 3.12）。在初步勘验时，踩碎或损毁的植物枝条以及被推到一边的植被必须进行详细记录。通常情况下，携带着一具尸体或使用过车辆，那么当地的植被必定被损毁一部分，有时甚至会直接指向中心现场。跟随植被损毁的痕迹追踪能够拓展现场的范围，并为侦查和勘验现场提供有用的信息。对于上述植物扰动情况，必须拍照并首先采集所有被扰动过的植物证据样本，然后再采集其他类型的物证（图 3.13）。

图 3.12　戴维·W. 霍尔博士正在对犯罪现场及其周边损毁的植物进行初步勘验记录，并指导犯罪现场勘验人员如何采样（本照片由杰森·H. 伯德博士提供）

无论是市内还是户外的犯罪现场，其环境中的所有植物都可能是非常有价值的证据。因此，在处理任何其他证据之前，整个现场必须细致全面地拍照留证。拍照时必须包括所有基本方向的概貌以及犯罪嫌疑人进出现场的活动路径等。另外，现场摄像也可以作为拍照的一种补充，但摄像最常见的问题是影像清晰度不够，所以摄像不能完全代替静态的拍照。因此，在摄像时摄像机的移动一定要非常缓慢，避免镜头晃动。只有移动得足够缓慢，在后续检视影像暂停播放时才有清晰的画面。

图 3.13 每个损毁的植物证据样本都必须全方位地拍照（带和不带比例尺的照片都要有）之后才能采样（本照片由杰森·H. 伯德博士提供）

综上所述，犯罪现场的植物证据采集方法归纳如下：①采集任何可能与犯罪嫌疑人进出现场相关的植物证据；②采集现场周边的植物证据，尤其是那些具有当地植被典型代表性的品种；③在现场其他证据采集完成后，再次细致搜索相关植物证据。

在哪些地方搜寻植物证据

犯罪现场勘验人员通常会搜寻死者衣物和毛发上的植物证据，但其实任何暴露给植物的部位例如荷包、挽起的袖口、纺线接缝等都可能会隐藏有植物证据，另外鞋带和鞋缝也是常常被忽视的部位（图 3.14）。这些部位常常会嵌有微小的植物证据。如果是处理交通工具类证据，飞机起落架、汽车底盘、轮舱等部位是必须仔细勘验的（图 3.15）。机动车辆的前部也是不可忽略的一个部位，尤其是汽车前保险杠和中网部位上容易黏附和嵌入植物组织或植物残片。在阴雨天气，小型植物或植物残片非常容易黏附在潮湿的车辆表面，在这种情况下汽车的所有部位都必须仔细勘验。

在上一章中已经提到过，某些植物的叶子、果实、种子以及其他部位上分泌的黏液能使植物黏附在动物身上从而播散到远处，而这种特点也使得植物可以黏附在各种各样的介质表面上。擦伤或折断的植物也会流出汁液，这些汁液同样也有一定的黏性。有些植物表面还具有棘突和尖刺等，这些特殊结构能够刺穿动物和人的皮肤、人穿着的衣物和其他物质。此外，很多植物表面长有绒毛或纤维，这些结构也能使植物黏附在衣物或其他一些粗糙表面。由于不了解植物能起到的重要作用，大部分的犯罪嫌疑人都会忽略这些微小的植物证据。

图 3.14　图示黏附在犯罪嫌疑人袜子上的植物种子证实该嫌疑人曾经到过犯罪现场（本照片由杰森·H. 伯德博士提供）

图 3.15　图示黏附在汽车底盘上的植物残片证实该车辆曾经到过犯罪现场（本照片由杰森·H. 伯德博士提供）

为了减少错过潜在植物证据的概率，如果可以的话，尽可能请一位法医植物学专家来对衣物以及其他一些户外现场中的证据进行复勘。对于现场中细小的植物碎片，受过专门训练的法医植物学专家显然更加敏感且专业。

多年生植物例如大型乔木通常需要生长数年到数十数百年才能完全成熟，它们的树干中常常会形成年轮（annual rings），有的甚至还有季轮（seasonal rings）。如果某个植物的年轮跨越或接近某具尸体、残骸、墓穴或犯罪现场相关的某个物体，那么根据年轮就能推算出一个事件发生的粗略时间。除此以外，任何对树干或粗壮的树枝等造成损伤的事件，例如车辆冲撞树木、车辆停放时碾压根部、泥土覆盖根部一部分、洪水泛滥、树叶荫蔽、反常的温度等均会干扰年轮的形成与形态。

如果现场中有树木与案件发生时间相关，那么其年轮以及损伤部位情况都必须进行细致的拍照记录。如果该树木个体过于巨大而无法整体提取，可以将其损伤部位上下数英尺（1 英尺＝0.3048 m）距离的部位截断，仅提取带有损伤和正常植物组织的部分。提取的这截植物组织（通常是树干、粗树枝或粗树根）必须和其他大型植物证据一样放在瓦楞纸板箱中风干。此外，如果该树木在提取时有叶子、花朵或果实，那么一定要提取这些组织以便于后续的种属鉴定。

叶子或其他植物组织样本必须分开保存，待样本完全干化后再根据样本编号用细线扎到一起。所有关于某一组植物证据样本的照片必须与样本相联系以符合相关法律对物证的要求。对于这一点，最简单的方法就是在拍照时把样本编号也一起拍摄下来，并在证据记录清单和记录本上详尽记录。

短小的、折断的树枝需要仔细全面地拍照，尤其是断裂口的断面情况、断裂口是否有明显的树汁溢出以及树枝尖端的树叶枯萎情况等等。对于折断的树枝，至少要从断裂口以上 15 cm 截取样本，并将整个取下来的枝条用报纸、纸袋或瓦楞纸板箱保存。如果折断的树枝上有花朵或果实，必须取下来单独保存；断枝和未断枝条上的叶片在压制时一定要保持平坦。

任何与人类尸体有接触或掩埋在一起的植物证据通常都具有非常高的价值（图 3.16），死者的死亡时间、死亡月份或季节以及尸体是否被移动过等情况往往能通过植物证据分析推断出来。如果植物学专家没有到现场来，那么这些植物证据的彩照和保存的样本就非常关键了。被犯罪嫌疑人或被害者踩过的植物组织、断裂树枝与分布在尸体上以及尸体周围或是与尸体一起掩埋的植物都必须采集。与事件发生时间或被害者死亡时间相关的植物证据必须由受过专门训练的植物学专家提取。如果植物学专家在第一时间没法到达犯罪现场，那么拍摄的高分辨率现场照片和植物证据细节照片对于死亡时间推断来说就非常有价值了。

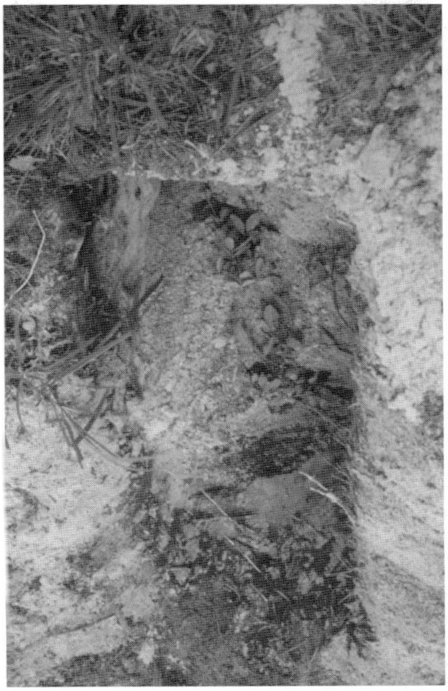

图 3.16　秘密掩埋尸体的墓穴中的植物证据必须进行彻底地勘验与详尽地记录，随后尽快地送到植物学专家处鉴定分析（本照片由杰森·H. 伯德博士提供）

人为地挖坑并将尸体掩埋在土壤中，这种行为本身就破坏了坑洞及周边一定范围内的植物与土壤间的稳定联系。从坑洞中挖出的泥土通常用于掩埋尸体，但耙松或铲动挖出的土壤再填埋会对掩埋处周边的植物造成损伤。对于掩埋处堆积起高耸的土堆尤其要注意，拍照时需围绕土堆和坑洞拍摄土壤扰动区域（图 3.17）。

在外力的作用下，植物有时候会碎裂成成千上万块残片，并随着掩埋尸体的过程埋入土壤中。在挖掘掩埋的尸体过程中，尽可能地收集土壤中夹杂的所有植物残片，尽管这样相当耗时间，会严重拖慢整个现场勘验的流程。对于一些微小的残片，最好的方法就是使用筛网来筛出。掩埋的土层可以人为地每隔几厘米就分为一层，每筛查一层就必须拍一次照片【译者按：直到筛查到尸体下方的硬土层为止】。

植物的根部有时也是相当有价值的。某些植物的根部也会像树干一样生长出年轮，不过即使没有这种年轮，根据根部的生长情况也能推算出一个大致的事件相关时间。此外，根据植物根部被截断的断面情况也可以辅助分析推断挖

图 3.17 图示植物在墓穴上方土壤中生长。法医植物学专家需要记录墓穴周边被扰动的土壤情况并取样（本照片由杰森·H. 伯德博士提供）

坑的工具边缘形状（图 3.18）。某些植物的根部被切断后，一旦重新埋入土中，新的根部分支就会从旁边长出来。完整地保存这种根部分支有时可以辅助确定根部被切断的大致时间。

图 3.18 被切断的树根可以辅助确定秘密挖掘的墓穴最初的大小范围情况（本照片由杰森·H. 伯德博士提供，照片细节请参阅彩页部分）

一旦在发掘过程中出现了植物的根部，必须马上拍照。如果要采集根部作为植物证据，那么和树枝一样都要截取损伤部位并至少保留一段正常根部，以免损伤根部损伤处的结构。即使对植物学专家而言，许多植物的根部也很难用于种属鉴定，因为一些近缘种属的根部长得很相似。因此，在现场中发掘出的植物根部往往需要沿着根系追溯到植物本体，并保存部分植物本体用于辅助种属鉴定。植物的根部常常互相纠缠或生长得非常长，因此沿根系追溯植物本体有时相当困难而且耗时间。植物根部的采集方法和其他植物证据是类似的：如果根部样本比较小，可以用报纸裹夹样本；如果样本比较大，可以将其放在纸袋或瓦楞纸板箱中。此外，植物根部也常常会侵入到掩埋了一段时间的尸体骸骨中，因此其侵入的深度有时能够用于确定掩埋的时间。然而，目前并没有各种植物的根部侵入骸骨中所需的最短时间的相关研究报道。

植物证据的保存

采集到的植物证据必须放置在凉爽干燥的地方。作为一种生物体，植物必须先杀死再干燥后才能最好地保存。在运送到证据存放处或预处理的地方前，每个植物证据样本都必须分开保存直到完全干化。干燥脱水会快速杀死植物并停止它们的一切生命活动。制作干化植物样本的最佳方法就是使用瓦楞纸板和吸水纸夹在植物两侧保持样本平坦，并在其上放置一定的重量。使用瓦楞纸板隔开后，几个植物样本可以堆积在一起。市售的标准植物标本夹可以比较方便地干化一般的植物证据样本，但蕈类、大型植物或植物组织就必须放置在瓦楞纸板箱中自然风干。

绝大部分的植物证据采用上述的规范方法采集都能在 3～7 天完全干化。对于一些含水量比较丰富的植物，需要每隔一段时间就更换吸水纸以便于更好地脱水。当然，有条件的单位也可以购置或制作专门的植物标本低热量干燥器。当样本完全干化后，可以将标本保存在电话黄页簿或厚杂志中，如果手头没有电话黄页簿或厚杂志，也可以将样本连同夹压的报纸或吸水纸一起叠放到干燥的瓦楞纸板箱中保存。叠放的标本应按照其案件编号分开保存，同一案件按照证据编号顺序叠放并便于后续的处理与分析。如果纸板箱足够大，那么小一号的纸板箱也可以放在里面。保存在电话黄页簿或厚杂志中的植物证据样本同样也必须放到干燥的纸板箱中。在纸板箱中，必须放置一些樟脑丸或其他防虫物品来防止干化的植物证据样本被昆虫啃食破坏。

植物证据的文档设计与记录

为了植物证据更加有价值，在犯罪现场勘验时进行多种信息的记录是关键。本章附录 3.2 中列出了一套简单的记录表。

自然环境条件是现场勘验人员常常忽略掉的重要信息。自然环境条件的记录必须要包括以下几点：①天气情况，是晴天、多云、阴天还是雨天？如果是雨天，雨量是大是小？②是否有风？风力大小？③现场的气温与湿度是多少？

除了大体的自然环境条件外，与现场相关的其他一些相关信息也必须详细记录。在现场植物证据记录表上，现场相关的描述性信息应至少包括以下几项：

• *生境：*生境（habitat）即现场中的具体环境【译者按：即生物生活空间和其中全部生态因子的总和】。例如现场位于某个森林中，但要提取的植物证据却可能生长在森林中的空地、沟渠或铁路上。脱离了具体的生境，许多植物证据都无法用于案情的分析。该植物位于森林、灌木丛、旷野、路边的沟渠还是家庭后院的草坪？它是不是工业区的景观植物？

• *现场所在地点：*大部分的案件只有一个现场所在地点，关于这一地点的描述通常会记录在证据记录单的首页。该地点的位置必须定位到一个永久性的地标附近，例如一栋大楼的某个角落、某根电线杆（通常带有统一的编号）或是某条公路的某一段。如果使用某栋建筑物作为定位标志，那么这栋建筑必须是带有统一门牌号码的永久性建筑，如果未来被拆毁也能够追溯回该地点。虽然现场 GPS 全球卫星定位的使用越来越普及，但实际地点的描述仍然是非常必要的，GPS 定位信息只能作为辅助。

• *植物证据所在地点：*该植物证据位于现场中的哪个位置？是在尸体或车辆上还是其他地方？如果是在尸体或车辆上，具体位于哪个部位？如果不在尸体或车辆上，那么其所处的方向和距离中心现场的远近是多少？

• *采集人：*谁采集的植物证据样本？为了保证植物证据采集和保存的证据链的完整性，最好由同一个人完成现场所有植物证据的采集工作。任何其他人接触过植物证据都必须记录在案。

• *单位和部门：*采集证据的人员所属单位和部门必须正确记录。

• *采集日期：*记录表中必须详细记录植物证据采集的年、月、日。

• *物品编号：*每个植物证据样本都必须有独立的编号。

• *采集时间：*记录每个植物证据样本采集的具体时间点。

• *植物类型：*乔木、灌木还是草本。

• *植物高度：*乔木通常只用目测估计一个高度即可，矮的灌木、草本等可以用卷尺测量。

• *花朵颜色*：必须记录花朵采集前的原色，因为很多花在脱水后会变色。

• *果实颜色*：同花朵一样，果实干化后也常常会变色，必须记录采集前的原色。

• *果实形态*：某些果实在干化后会变瘪或变成不规则形状，因此必须记录采集前的形状与表皮特点等形态学特征。

• *分布密度*：该种植物在现场及其周边分布的密度大小，是广泛分布、较常见、不常见、偶有分布还是孤立样本？

植物证据的分析

对于犯罪现场勘验人员来说，有一个熟悉当地植被的植物学专家的辅助显然比外行帮忙方便且更加专业。这种熟悉当地植被的植物学专家是处理和分析植物证据的最佳人选。目前有 350 000～400 000 种植物生活在地球上，而某一犯罪现场及其周边分布的植物通常不会超过 100 种。因此，只有对当地植物较为熟悉的植物学专家才能在短时间内将所有样本鉴定成功。这些当地的专家有时仅仅看一眼样本就能知道这是某种植物的某一部分。虽然绝大部分的植物可以通过其花朵和果实鉴定出种属，但不一定每个犯罪现场都有花朵和果实存在。许多植物分类学专家对其当地的植物种属鉴定非常在行，可以仅仅根据植物的部分组织或残片就能鉴定成功，而外地的专家有时可能很难鉴定出正确的种属。为了节约时间和经费，抓住案件侦破的关键性窗口期，寻求熟悉当地植被的植物学专家的协助是比较好的方式。如果当地实在是没有相关专家或者案件办理程序上不允许，那么就应该尽快致电经验较丰富的资深植物学家咨询。

每个涉及植物证据的研究或鉴定机构都必须有法医植物学专家随时待命，才能将证据分析研判的时间尽可能地缩短。午夜响起的电话铃声已经很瘆人，这时要是再接到委托去案发现场就更令人胆战心惊了。本地的植物学专家对犯罪现场的植物证据处理能够驾轻就熟，除了能有效地采集现场中的各种植物证据，还能为警方联系其他植物学专家来解读出更多的相关信息。大部分的植物学专家对法庭科学并不太熟悉，如果他们愿意给警方提供帮助，就必须了解案件侦破的时效性和证据链完整原则。

每个法医植物学工作者都需要建立一个植物学专家库以便于随时求助。这种网络专家库需要一定的时间去建立，而每个录入库的植物学专家都需要一定的时间来理解和熟悉他/她的专业领域在法庭科学上的应用范围。与当地的高校植物学专业教师或植物分类学家合作是个比较好的开始，但这个教师/专家必须能在需要的时候联系到其他相关植物学专家。

哪里寻找植物学专家

事实上，几乎所有的综合性社区学院、专科院校以及大学都有植物学教师或研究者。在美国各郡县也有一些植物学相关学术研究机构或专业植物学教学培训机构，还有其他一些林业公司、护林员、园艺公司以及政府林业或农业部门等。

与植物证据相关的案件类型

许多在大学教授植物学或隶属于政府部门相关机构的植物学专家曾经参与过某些类型的案件侦破工作，但他们不一定对法庭科学非常熟悉。

由于法庭科学实践工作也往往与法律相关，很多情况下就会涉及对违禁植物的确认（图 3.19）。一些法律条文规定有些具有医用、药用价值或检疫性杂草属于违禁植物，因此拥有任何这类植物都被视为违法行为。但是，确定某个植物是不是违禁植物，首先就必须由受过专门训练的专家对植物进行种属鉴定。

图 3.19 在大多数国家大麻都属于违禁植物（本照片由杰森·H. 伯德博士提供）

虽然涉及不同部门的法律，但预防有害植物入境和借助植物证据推断犯罪嫌疑人是否到过犯罪现场以及死亡时间一样重要。检疫性植物有时会造成数百万美元的损失，某些检疫性植物还会彻底改变某地区生态环境，导致粮食减产、经济损失、饥荒、人体过敏或中毒，甚至导致大量人群死亡。

植物证据的分析

对现场中采集到的植物证据进行分析前，需要对证据能够提供的信息以及这些证据的局限性进行初步的评估。进行初步评估时，后续鉴定和处理所需的时间和经费也必须同时考虑在内。植物证据的进一步分析通常需要更加专业的设备与耗材，例如电子扫描显微镜（SEM）或是其他光学显微镜（详见本书第六章）以及相关化学试剂等，另外常常还需要到现场复勘并采用特殊的样本采集技术、植物实验室培养、特殊的分析技术以及其他一些实验方法等。

植物学专家对植物证据进行分析推断某事件发生时间后至少要给出一个口头的分析意见，能给出纸质的正式分析意见书当然更好。如果分析推断工作需要花很长时间，就不必进行分析工作，以免警方错过追诉时间。由于某些植物能够自行生长，因此对于一些不太重要的植物证据，如果送到实验室处理需要耽搁较长时间，那么可以在现场先对这些植物证据进行一些处理。某些植物证据会在原处继续生长和改变，气温、季节、太阳高度角、地面的覆盖、种子或繁殖体的发芽、损伤处的恢复以及其他一些因素都可能造成影响。虽然第一次勘验完现场后再次检查植物证据的生长情况总是没错的，并且随时拍摄照片也便于后续生长状况的评估，但这仍然受到问题解释的限制。拍摄的照片必须是高质量的，并且必须包含现场所在的生境、植物以及相关的植物组织等（图3.20）。然而，许多现场摄影师对于植物证据分析所需要的照片类型并不熟悉，因此现场摄影师在拍摄植物证据相关的照片前最好能与植物学专家先沟通。

在植物证据的处理过程中，需要花费的时间、耗材和费用都要提前进行评估。常见类型的植物证据能够在一小时以内被鉴定出来，这类证据的花费也较少。然而，如果植物证据样本没有正确地保存，这些样本很可能就腐坏了，也就失去其证据价值了。一些需要在显微镜下观察细胞结构或使用一些不常用的方法进行分析的过程往往会耗费相当长的时间。虽然很多在公立机构从业的植物学专家会免费为警方提供服务，但使用相对复杂或不常用的方法来分析样本仍可能会导致经费超出预算。除了某些研究植物 DNA 的专家，几乎很少有植物学专家会受聘于公立的法庭科学实验室。

即使植物学专家可以免费提供咨询或协作，为了避免事后发生误会，协作的双方都需要签订一份正式的书面合同。当然，一封电子邮件或传真也是可以作为协议的。

图 3.20 （a）由于缺乏细节情况，植物的大体照或一群植物的照片不利于植物学专家鉴定植物种属。（b）植物叶片或茎干端部的细目照能够为后续的植物证据种属鉴定提供足够的信息（本照片由杰森·H. 伯德博士提供）

实验室报告撰写

实验室检验表格必须记录每一个保存容器（通常是瓦楞纸板箱）中存放的样本的情况（附表 3.3）记录的表格必须列出日期、案件编号、案件负责单位和部门、证据流转情况、证据运送情况以及证据封装保存的类型。此外，保存纸箱的类型、开启日期、开启后处理情况等也必须记录在案。如果多个样本都叠放在同一个纸箱中，那么可以记录在同一张表格上，但需要分别详细记录，每个样本使用一个单独的编号。如果要从某一组证据中抽出某个暂未编号的植物证据，检验样本者必须为其编制一个独立的证据编号，并单独封装。

对每个样本进行的分析检验方法需要单独详细记录，例如可以记载为简单的肉眼或放大镜观察，或是使用某种仪器设备分析。如果使用了某种仪器设备来分析样本，那就需要制定一个规范化的标准操作手册，在以后同类型的分析检验中都使用同样的方法。如果是按照标准操作手册来分析检验，那么只用记录手册名字即可，否则就需要把每一步操作都详细记录下来。

每个样本的分析结果无论是阴性还是阳性都必须一一记录，能提供的信息越丰富越好。如果叶子或茎干残片无法鉴定出种属，至少要注明该叶片或茎属于单子叶植物还是双子叶植物，或者以草本、藤本、灌木和乔木来区分。如果委托方希望得到进一步的分析或更专业的书面报告，那么后续的检测方法和费用都需要事先和委托方商量好，并在之前签署的鉴定委托书基础上增补条款。

如果委托方有特别要求，就需要出具书面的植物鉴定分析意见报告。如果要出具书面的报告，那么在报告中必须陈述每一件植物证据在该案件中的具体应用。鉴定人有时还需要了解案件相关的一些细节信息以辅助分析推断，但不要听取案件侦办人员的分析意见，以免掉进先入为主的误区。

植物证据的流转与运送

对于大部分的案件，尤其是刑事犯罪案件来说，证据链的完整性是至关重要的。证据链保证了证据本身的安全性并确保了证据管理的可控性。与普通物证一样，植物证据流转单通常与植物证据一起保存（附表 3.4）。持有证据的人员必须将证据存放在安全的地方，例如带锁的保险柜。如果证据需要转交给另外一个人，那么这个人必须得到封存证据管理室或实验室主管的授权。接手该证据的人员必须在证据流转单上签字并注明日期和时间，以证明到下一次证据流转前该证据都是处于可控状态。

无论是以什么方式来运送植物证据，都必须保证证据的可控性和证据链的完整性。接手证据的人员可以自己运送证据，也可以通过联邦快递或其他执法人员运送。对于一些非常敏感的证据，接手证据的人员必须时刻都将该证据带在身边以保证证据安全。当植物证据被送到实验室分析检验时，运送人员可以要求在一旁监督。

植物证据的保留与处置

检验分析过的植物证据可以由植物学专家保留或归还给执法部门和律师。在证据移交之前，必须将证据重新封装并贴上封条。封装完后，鉴定人员需在封条上骑缝写明自己的名字或名字缩写，并标明封装日期（图 3.21）。物证封条需要向警方索取或向警用设备供应商购买。如果植物证据由检验分析的植物学专家自己保留，那么在司法机关授权销毁该证据以前都必须存放在安全可靠的地方。

图 3.21 图示为纸质证据袋，其上有封口标签，标签上下边缘都需要骑缝签名（本照片由阿曼达·费奇硕士提供）

如果委托方有要求，那么在植物证据检验分析完成后，未经处理的和已处理但未使用的样本必须归还给委托方。如果原保存样本的容器已经销毁或损坏，则必须在新的存放容器上重新标注完整的信息。原来的容器残余部分如果还在，则需把这些残余部分也放置到新的容器中。如果是由鉴定人员保留植物证据样本，那么所有的剩余样本都必须锁到专门的保险柜中保管。

当证据交还给委托方，该证据移交的方式以及时间必须记录在案，委托方也必须开具一张证据移交的收据给鉴定人员。委托方需要对证据移交的方式进行确认，并妥善将证据归档、记录。

现场中植物证据采集流程

1. 制作植物标本夹。

（1）使用报纸或其他便宜的吸水纸包夹每个植物证据样本。

（2）同一案件的每个植物证据都必须按规定编制案件编号及证据编号，使用铅笔或其他遇水不退色的笔记录植物证据相关信息与编号，切忌使用遇水会退色的签字笔、水彩笔或水性记号笔来记录。

（3）使用蜡纸或铜版纸采集含水量较多的样本，例如那些有松软果肉的果实，以免样本干化时黏附在吸水纸上。

（4）大型植物证据样本以及一些无法展平的球果或坚果无法使用标本夹来压制干化标本，则可用纸质的食品包装袋和瓦楞纸板箱来保存。

2. 犯罪现场中和现场周围的植物至少采集 10～12 种，以便复原现场所在地区的植被环境情况。

（1）各种乔木只需用修枝剪截取 20～30 cm 长带树叶的树枝样本。

（2）草本植物尽量带根部全株提取。

（3）如果样本个体太长或太大，不能直接用标本夹压制，则将叶片或枝条折叠成 Z 字形或手风琴形保存。

（4）如果要将植物证据放入纸袋中，那么纸袋必须是可以压成扁平状的；如果把纸袋当做标本夹来处理，那么必须在纸袋上放置一个重物，例如一本厚书；只有将植物证据样本压制成扁平的，其干化后才易于保存且不容易被碰撞损坏。

3. 每个植物证据都必须先拍照再处理，采集样本并平放在植物标本夹或瓦楞纸板箱中后还需再次照相，并且照相时一定要将证据编号与样本放在一起拍摄。

植物证据采集设备与器械

植物证据采集所需的基本设备与器械在大部分的五金店或大型超市都能够买到。最基本的设备与器械主要有修枝剪、园艺铲、考古/泥瓦匠用的抹泥刀、带证据编号的小旗子或小帐篷、数码单反相机、石墨铅笔（至少两支）、蜡纸或铜版纸、纸质购物袋、各种规格的瓦楞纸板箱、植物标本夹、证据袋封条以及证据流转单等。

植物标本夹

1. 标准的植物标本夹在市面上大多数的生物学耗材店都有出售。植物标本夹通常是由瓦楞纸、吸水纸、报纸、吸水纸、瓦楞纸组成一个标准套件，多个套件叠放后用硬夹板或木栅栏板压紧，再使用松紧带捆扎以保证植物证据样本的扁平。硬夹板、瓦楞纸、吸水纸、松紧带等可以分开采购。

2. 现场应急标本夹可以用一些比较简单的材料例如两块 20～30 cm 的瓦楞纸板（可以从纸板箱上剪下来）加上多张报纸制作，然后用松紧带、证据袋封条、丝线或皮带等捆扎以便于证据的运输。

3. 电话黄页簿或厚的杂志也常常被用来作为临时标本夹，样本可以夹在不同的页面。

附录 3.1

犯罪现场数据

如果某个植物检材可以作为证据，那么有几条和犯罪现场相关的信息是必须记录在案的。附录 3.2 是一个简单的数据表格，它为犯罪现场勘验人员提供了记录采集到的植物证据的标准格式。在勘验现场的时候，自然环境条件往往被现场勘验人员所忽略，没有记录在现场勘验记录单中。实际上，包括天气情况和温湿度等基本气象数据至少要记录在案。

生境记录

没有犯罪现场的生境相关信息，很多与植物证据相关的信息无法进行分析研判。最基本的生境情况应至少记录案发地点类型，如森林、旷野、路边沟渠、草原或工业区等。

现场所在地点

通常情况下，犯罪现场只有唯一一处，因此可以直接记录在植物证据记录单的首页。该地点的位置必须定位到一个永久性的地标附近作为基准点，例如一栋大楼的某个角落、某根电线杆（通常带有统一的编号）或是某条公路的某一段。如果使用某栋建筑物作为定位标志，那么这栋建筑必须是带有统一门牌号码的永久性建筑，如果未来被拆毁也能够追溯回该地点。虽然现场 GPS（全球定位系统）的使用越来越普及，但实际地点的描述仍然是非常必要的，GPS 的定位信息只能作为辅助。

采集到的植物证据样本需要记录的相关信息

- *植物证据所在地点：*该部分需要记录该植物证据位于现场中的具体位置，例如该证据是在尸体或车辆上还是其他地方？如果不在尸体或车辆上，那么其所处的方向和距离之前设定的基准点的远近是多少？

- *采集人：*所有的植物证据都必须标明采集人姓名；为了保证植物证据采集和保存的证据链的完整性，最好由同一个人完成现场所有植物证据的采集工作。

• *单位和部门*：采集证据的人员所属单位和部门必须正确记录。

• *采集日期与时间*：植物证据的包装物以及记录表中必须详细记录植物证据采集的年、月、日、时。

• *物品编号*：每个植物证据样本都必须有独立的编号以免与其他样本混淆；如果某个样本是用证据封存袋或其他封存物保存，也要在封口标签上骑缝写上编号并记录在案件现场记录单上。

• *植物类型*：需要记录大致类型，如乔木、灌木还是草本。

• *植物高度*：如果无法提取植物全株作为样本，那么应该目测估计一个高度。

• *花朵颜色*：必须拍照、记录花朵采集前的原色，因为很多花在脱水后会变色；如果条件允许的话可以多拍几张灰度照片（建议灰度18%）。

• *果实颜色*：同花朵一样，果实干化后也常常会变色，必须记录采集前的原色；如果条件允许的话也可以像花朵一样多拍几张18%的灰度照片。

• *果实形态*：某些果实在干化后会变瘪或变成不规则形状，因此必须记录采集前的形状与表皮特点等形态学特征。

• *生境*：植物所生长的具体生境必须要拍照、记录。

• *分布密度*：植物在现场及其周边分布的密度也要拍照、记录，需要注明该植物是广泛分布、较常见、不常见、偶有分布还是孤立样本。

附录 3.2

现场植物证据信息记录单

案件编号：____________________日期：____________________

委托单位：____

现场勘验人员：____________________________________

现场所在地点：____________________________________

对现场自然环境的描述：______________________________

____

____

____

____

对现场中生物情况的描述：

____

____

____

____

生境评估

生境描述

一般性描述：

明显通往现场的小路、铁路或公路：

折断的树枝：

生境中其他一些明显人类活动痕迹：

植物证据样本采集流程

植物证据样本清单（包括乔木、灌木、地被和草本植物）

物品编号	形态描述	所处地点	处理情况

肉眼能见的植物证据情况描述

一般性描述：

分布在尸体、车辆或其他物品上的主要植物证据：

其他一些分布在尸体、车辆或其他物品上的植物证据：

尸体或车辆下面，或与尸体一起掩埋的植物证据：

植物证据样本采集流程

采集到的植物证据样本清单

物品编号	形态描述	所处地点	处理情况

植物证据的运输（流转单）

证据递交人	签名		日期	
证据接手人	签名			
证据递交人	签名			
证据接手人	签名			
证据递交人	签名			
证据接手人	签名			

植物证据储存记录单

包括每个单独保存的植物证据

物品编号	形态描述	所处地点	处理情况

植物证据分析

鉴定分析人名字：

鉴定地点：

鉴定结论：

附表3.3
植物证据实验室检验分析数据表

数据：______________________________

案件编号：______________________________

委托单位：______________________________

联系人：______________________________

联系方式（电话、传真等）：____________________

运送方式（快递公司/邮政/个人）：________________

证据封装方式（瓦楞纸板箱/纸袋/车用储物箱/塑料袋等）：

____

封装植物证据容器的文档信息：

1. 封装容器的材质。

2. 证据拆封的日期。

3. 证据拆封后如何盛装。

4. 封装袋/盒/箱内装的物品。

（1）样本数量。

（2）样本编号，如果暂未编号，必须对每个样本进行详尽地描述。

5. 每个封装袋/盒/箱内已完成或未完成鉴定分析的样本数量。

6. 样本分析：

（1）分析方法（立体显微镜、光学显微镜、有柄放大镜、扫描电子显微镜等）。

（2）准备方法（样本切割、染色或其他检验前准备方法，该步骤需要一步一步详细记录）。

（3）如果需要出具书面的报告，那么每个样本对案情分析的辅助作用要写明。

①只有在委托方提出要求的情况下才需要出具书面的分析报告。

②鉴定人可以向委托方了解案件相关的一些细节信息以辅助分析推断（但不要听取案件侦办人员的分析意见，以免掉进先入为主的误区）。

7. 将所有证据归还给委托方（未经处理的和已处理但未使用的样本都要归还，如果原保存样本的容器已经销毁或损坏，则必须在新的存放容器上重新标注完整的信息）。

原来的容器残余部分如果还在，则需把这些残余部分连同植物证据一起放置到新的容器中。

8. 如果是由鉴定人员保留植物证据样本，那么所有的剩余样本都必须锁到专门的保险柜或保管室中保管。

9. 如果植物证据已交还，一定要保留归还时间与方法的记录单待溯源。

（1）征求委托方的意见，决定采用什么方式、方法交还证据、交还的地点以及接洽人是谁等等。

（2）证据交还时一定要委托方开具收据。

附表 3.4
植物证据清单

委托单位：　　　　　　　　　　　　　　　　　　　案件编号：

现场所在地点：

省、市：

物品编号	形态描述	所处地点	处理情况

物品编号	形态描述	所处地点	处理情况

第四章　专家证据

伯纳德·A. 劳姆　法学博士，林学硕士

"专家证人不仅仅是告诉法官什么是事实，还应该在其专业基础之上解读真相。"

棱德·韩德法官[①]

普通法

目前美国与英国所使用的专家证人相关证据法规都源于古代英格兰的普通法。早在首席大法官布拉克顿时期，就将陪审团中对某项事实能够提供专门知识的人定义为"专家"[②]，这一法律实践在英格兰一直持续到19世纪。当然，这个时期的法庭上的"专家"所扮演的角色更多的是某些事实的呈现者而不是如今的专家证人。同时，法律对于"专家"证人所给出的"意见"的态度也随着时代的变革而逐渐发展[③]。例如在18世纪的一系列案件中，内科医生在未经讨论的情况下就被法庭委派对死者的死亡原因进行分析并作证。到了18世纪晚期，在一系列的著名案件判决后，大法官曼斯费尔德勋爵在佛克斯诉查德案件（*Folkes v. Chadd*）[④] 中开始允许对专家的"意见"进行质证。

最开始的时候，所谓的"意见规则"限定了专家证人只能给出"单纯的意见"，而不是专家根据其专业知识与观察来诠释某事实[⑤]；但是没有相关的专业知识，证人是没有资格出庭作证的。同时，人们也发现了这条规则事实上不适合具有

---

①Learned Hand, *Historical and PracticalConsideratons Regarding Expert Testimony*, 15 *Harv. Law Rev.* 40 (1901) .

②Under the Writ *de venire inspeciciendo*; see Learned Hand, *supra*, p. 44 and the cases cited *passim* beginning in the year 1343; also see § Hodgkinson, T. and James, M. , *Expert Evidence: Law & Practice*, 3rd ed (2010), § 1-009, p. 8.

③*Ibid*.

④(1782) 3 Doug. 157.

⑤*Carter v. Boehm* (1766) 3 Burr. 1905, and see ingeneral Wigmore, J. H. , *A Treatise on the System of Evidence in Trials at Common Law*, 2nd ed (1904), § 1917, and the discussion in Hodgkinson, *supra*, Chapter 1.

专业知识的证人出庭作证的情况[1]。然而这并不是一个法律学上的新概念，事实上早在 14 世纪，英国普通法审判庭就一直是向专家咨询意见而不是陪审团的辅助人员[2]。直到 18 世纪，具有专业技能的人出庭才被“意见规则”所限定[3]。

另一个在专家证据发展的过程中出现的问题就是当法庭需要陪审团对某一案件进行最终裁决时，为了意见能够被采纳，专家必须协助陪审团解决某些有争议的事实[4]。这一问题使得如今在美国和英国仍然使用关键测试来检验某证据是否能采纳[5]。在这种持续不断的发展中，人们逐渐意识到，法庭不再要求专家们必须根据相关的专业知识或观察而给出意见。

美国的经验

为了在讨论这一问题时掌握尺度，需要牢记的就是，采信任何证词的初步决定都依赖于主审法官使用自由裁量权的实际操作（见《美国联邦法律》第 104 条）。除非自由裁量权被滥用（这种情况一般很罕见），否则法庭一般不会驳回。

对 19 世纪美国的案例法进行审视就会发现，科学证据的准确性往往取决于专家证人的个人判断和公信力。然而，处理这个问题的难点在于陪审团和法官都对专家证人的科学公信力以及采用的技术手段准确性基础无从知晓[6]。

第一个真正试图在法庭上建立一系列的方法来衡量科学本身有效性的分水岭是美国哥伦比亚特区上诉法院在弗赖诉美国联邦政府一案(*Frye v. United States*)[7]。

弗赖诉美国联邦政府的判例

1923 年，美国哥伦比亚特区上诉法院宣布了一个基于科学检验专家证词

---

①Wigmore, *ibid.*, p. 2542

②For example *Buckley v. Thomas* (1554) 1 Plowd. 122, where Staunford, J., stated: “I grant that if matters arise in our law which concern other sciences or faculties, we commonly apply for the aid of that science or faculty which it concerns, which is an honorable and commendable thing in our law.”, as quoted in Wigmore, *supra*, § 1917, p. 2543.

③For example, *Folkes v. Chadd*, *supra*.

④See, for example, *Beckwith v. Sydebotham* (1807) 1 Camp. 116.

⑤Wigmore, *supra*, p. 2546.

⑥See, for example, the comments found inFaigman, D. L., Kaye, D. H., Saks, M. J., and Sanders, J., *Science in the Law: Standards, Statistics, and Research Issues, American Casebook Series* (2002), § 1-2.1, pp. 3-5.

⑦Raum, B. A., A short primer on the admissibility of forensic science evidence in Tennessee: a checklist, *Tennessee Journal of Law and Policy* 6 (2), 161, 169 (2010).

是否可采纳的客观标准①。法庭顾问的评述中关于使用专家证据的普通法摘要如下：

“大量的案例表明，专家或有熟练技能的证人所提供的意见，只有在所调查事项属于未有经验之人无法根据其形成正确判断时，才具有可采性。因为调查事项带有一种需要具备先前习性、经验或研究才能掌握的科学、艺术或商业特点。如果案件所涉及问题未处于普通经验或常识范围，而是需要特别经验或特别知识，则精于特定科学、艺术或商业领域的证人所提供的意见具有可采性。”

法庭随后对其判决进行了声明：

“只是一个科学原理或发现何时越过试验性阶段与可论证性阶段之间那条线，却难以确定。在此灰色地带中，那些可作为证据使用的原理应当得到认可，在法庭主动认可那些源于公认科学原理或发现的意见证据的可采性时，这些作为意见证据基础的科学原理或发现应当在所属领域充分确立，并获得普遍接受性”②。

在弗赖案中，对是否让专家证人出庭的测试仅仅只是一个简单的创新，当时法庭并没有对其执行进行解释，并且对专家的学科领域有严格的限制以保证其科学有效。因此，如今法庭倾向于采信一群专家的意见而不是仅仅听取某一位专家的意见，以避免无意义和非独立的实验结果③。

在接下来的40年里，在无数次被引证后，弗赖标准得到越来越多的联邦法院和州法院的支持，而各个联邦法院和州法院对于专家证据的采信也是基于科学原理、过程或方法的应用④。迄今为止，弗赖标准形成的规则仍然在美国加利福尼亚、佛罗里达和纽约三个最大的司法管辖区以及其他十四个州中执行⑤。其他一些州则采用了某种形式的道伯特标准来确定是否采纳专家的证词⑥。

---

①*Frye v. United States*, 293 F. 1013, 1014 (D. C. Cir 1923) .

②*Frye*, *supra*, 1014.

③Raum, *supra*, 169.

④See the discussion in Faigman *et al.*, *supra*, *n* §§ 1-2.2, 1-2.3, and 1-2.4, pp. 5-10, for an excellent brief discussion of the general *Frye* experience in the United States.

⑤They are: Alabama (excepting the issue of DNA evidence, which is specifically controlled by a separate statute that adopted the Daubert decision in that regard), Arizona, the District of Columbia, Illinois, Kansas, Maryland, Massachusetts, Minnesota, Missouri, Nevada, New Jersey, North Dakota, Pennsylvania, and Washington; Giannelli, P. C. and Imwinkelried, E. J., *Scientific Evidence*, 4th ed (2007), § 1.16.

⑥See Lustre, A. B., *Post-Daubert Standards for Admissibility of Scientific and Other Expert Evidence in State Courts*, 90 A. L. R. 5th 453.

不幸的是，目前在美国已报道的关于植物学专家证词是否可采纳的相关案例法并没有太多建设性。有一项决议对植物学专家在法庭上的证词进行过广泛的讨论，如果专家对某些案件相关的植物例如紫茄缺乏了解，那么即使他是一名植物学专家，其证词也不可采纳[①]。然而在很多情况下，对于某些事实，法庭需要植物学专家提供的证词来解决相关问题[②]。

美国联邦证据规则的修订

1975 年 1 月 2 日，美国国会通过了第 93－595 号法案，该法案彻底改变了美国的联邦证据规则（the Federal Rules of Evidence，FRE）。本书第 7 章与

---

①*State v. Griswold*，172 Vt. 443，782 A. 2d 1144（2001），and see *Kemper v. Commissioner of Internal Revenue*，30 T. C. 546（US Tax Ct. 1958）drought not cause of death of trees for purposes of "casualty loss" income tax deduction; and see the court's opinion on direct appeal，269 F. 2d 184（8th Cir 1959），where the court specifically ruled on the admissibility of the expert botanist's testimony.

②*US v. Rothberg et al.*，351 F. Supp. 1115（D. Ct E. D. NY 1972），*Cannabis sativa L. case*; *US v. Larkins and Larkins*，657 F. Supp. 76（D. Ct W. D. Kentucky1987），wetlands case; *11 Doors and Casings，More or Less，of Dipteryx Panamensis Imported from Nicaragua，Defendant，Thompson and Thompson，Claimants*，587 F. Supp. 2d 740（D. Ct E. D. Va 2008），Importation into the US of an endangered species，*Dipteryx Panamensis*，from Nicaragua without a Certificate of Origin; *Missouri v. Morrow*，535 S. W. 2d 539（Kansas City Dist. Mo. App. 1976），*Cannabis sativa* L. case; *State v. Jolly*（9th App Dist Ohio App. 1975）LEXIS 6629; *Sierra Club et al. v. Martin et al.*，71 F. Supp. 2d 1268（D. Ct N. D. Ga 1996），Injunctive relief，timber cutting，endangered plant species，environmental impact，"biologist" as expert，extensive discussion; Sanders v. Louisiana，Dept. of Natural Resources，973 So. 2d 879（La. App. 3 Cir. 2007），botanist study of vegetable zones to determine high water mark on lake; *Riverhawks; Northwest Rafters Assoc.; Klamath-Siskiyou Wildlands Center v. US Forest Service et al.*，228 F. Supp. 2d 1173（D. Ct Or 2002），expert opining that motorboat wakes have a significant adverse impact on riparian vegetation，including loss of critical protective plant cover for salmonids and aquatic animals; *Hirsch et al. v. Maryland Dept. of Natural Resources，Water Resources Admin*，42 Md. App. 457; 401 A. 2d 491（Md. App 1979）; see also the decision of this case on Certiorari 288 Md. 95; 416 A. 2d 10（1980），Tidal wetlands preservation; *Kemper v. Commissioner of Internal Revenue*，30 T. C. 546（US Tax Ct. 1958），drought not cause of death of trees for purposes of "casualty loss" income tax deduction; and see the court's opinion on direct appeal，269 F. 2d 184（8th Cir 1959），where the court specifically ruled on the admissibility of the expert botanist's testimony; *Kahrs International，Inc.，v. US*，31 Intl Trade Rep.（BNA）2096; 2009 Ct. Intl. Trade LEXIS 110（United States Ct. of Int Trade），law witness allowed to testify as to the identity of certain wood products under FRE 701; *Herriman v. US*，8 Cl. Ct. 411; 1985 US Cl. Ct. LEXIS 962（United States Claims Court），high water mark identified by analysis of vegetation; *City of Cedar Rapids v. Marshall*，203 N. W. 932（Iowa 1925），high water mark analysis; *Blue Ocean Preservation Society，Sierra Club，and Greenpeace Foundation v. Watkins，Secretary，Department of Energy et al.*，767 F. Supp. 1518（D. Ct Hawaii 1991），Environmental Impact Statement（EIS）.

专家意见、与证词有关的规则在 2000 年时进行了修订，用以解决在旧有规则体系下的司法实践中涌现的诸多问题[①]。该修订案至今仍然有效，其内容如下：

第 701 条　一般证人的意见证词　如果证人不属于专家，则他以意见或推理形式作出证词仅限于以下情况：①合理地建立在证人的感觉之上；②对清楚理解该证人的证词或确定争议中的事实有益；③证人的证词不是基于第 702 条中规定的科学、技术或其他特殊知识之上。

第 702 条　专家证人证词　如果科学、技术或其他专业知识将有助于事实审判者理解证据或确定争议事实，凭其知识、技能、经验、训练或教育具备资格成为专家的证人可以用意见或其他方式作证，例如：①证词是基于足够的事实或数据；②证词是由可靠的原理与方法而得出的；③证人已将这原理与方法应用于当前案件的某一事实分析。

第 703 条　专家证人意见的基础　在特定案件中，专家意见或推理所基于的事实或数据可以是专家听证时或听证前感觉或获悉的。如果专家对待证问题形成意见或推理所依据的是在特定领域可合理作为根据的事实或数据，这些事实和数据不必要作为证据采纳。除非法庭认为相关案情事实或数据对于陪审团衡量专家意见有帮助并能避免出现偏见，否则这些事实和数据一概不能透露给陪审团中对于该专家意见或相关推断的支持者[②]。

第 704 条　关于最终争议的意见

①除本条②款规定的以外，其他可采纳的意见或推理证据不能因其涉及有待事实裁判者决定的最终争议而受到异议。

②在刑事案件中，关于被告人精神状态或境况的专家证人证词不

---

①The decision in *Daubert*, discussed infra, was rendered under the original 1975 version of the rules. Thus the US Supreme Court's interpretation of Chapter 7 (Opinions Expert and Testimony) was done within the framework of the original promulgation of 1975.

②See the discussion in *Experts, Judges, and Commentators: The Underlying Debate About an Expert's Underlying Data*, 47 *Mercer Law Review* 481 (1996); see also the discussion of the US 6th Amendment constitutional right to confrontation and how that impacts on the use of hearsay as a basis for an expert's opinion in *Testimonial Hearsay as the Basis for Expert Opinion: The Intersection of the Confrontation Clause and Federal Rule of Evidence* 703 *After Crawford v. Washington*, 55 Hastings Law Journal 1939 (2004); and on that issue see also *Expert Evidence and The Confrontation Clause After Crawford. Washington*, 15 *Journal of Law and Policy* 791 (2007).

能对该被告是否具有属于被指控的犯罪构成要素或相关辩护要素的精神状态或境况表态，此类最终争议应由事实裁判者独立决定。

第 705 条 公开专家意见所依据的事实和数据 专家可以采用意见或推理的方式作证并提供相关理由，除法庭另有要求外，不需要事先公开该意见所依据的事实和数据。无论怎样，在交叉询问时可以要求作证专家公开其意见所依据的事实和数据。

第 706 条 法庭指定专家

（1）指定

法庭可以自行决定或根据当事人的申请，作出一项指令以说明为什么不能指定专家证人的原因，也可以要求当事人提名。法庭可以指定经当事人同意的任何专家证人，也可以根据自己的选择指定专家证人。如专家证人本人不同意，则法庭不能指定。被指定的专家证人要由法庭以书面形式通知其具有作证的责任，通知副本由书记官归档或者在当事人有机会参加的会议上出示。如果有什么发现或研究结果，被指定的专家证人应告知当事人。该专家证人的证词，任何一方当事人均可获得。法庭或任何一方当事人均可传唤该专家证人作证。该专家证人将接受包括传唤其作证的当事人一方在内的各方当事人交叉询问。

（2）补偿

上述指定的专家证人有权在法庭允许的数额内获得补偿。在刑事案件和根据宪法第五条修正案包含此类补偿的民事诉讼中，补偿金在法律规定的款项中支付。在其他的民事诉讼中，补偿金将由当事人根据法庭以与确定其他费用类似的方式确定的比例和时间支付。

（3）将指定公开

根据法庭的斟酌裁量，法庭可以授权向陪审团公开由法庭指定有关专家证人的事实。

（4）当事人自己选择专家

本条规则不限制当事人根据自己的选择传唤专家证人。

在新的证据规则下，审判庭对于专家证据的采纳与否仍然有自由裁量权[①]。

1975年颁布新规以后，美国许多州都对本州的证据规则和判例法进行了重新审视。最终，美国几乎所有的州都采用1975年版规则作为本州的规范。然而，这些州仍然继续使用弗赖标准来衡量科学证据是否可采信[②]。

道伯特诉梅里尔·道药品公司案判例[③]

在1993年6月，美国最高法院对道伯特诉梅里尔·道药品公司案（*Daubertv. Merrill Dow*）[④] 进行了判决。在这份判决中，法院解释了新的证据规则，弗赖案的判例将不再作为专家证人证言可采性的唯一标准。相反，法院在决定采信科学证据时，应当考虑通过多因素来判断证据的真实性和准确性。

科学技术或方法学是否能用于支持专家的观点取决于：

1. 形成专家证言所依靠的科学理论与科学方法是否可以被重复检验。实际上，这一点应当和所谓的经典“科学方法”一起纳入分析中。

2. 形成专家证言所使用的科学理论与科学方法是否已经通过同行专家评审并公开发表。

3. 若技术存在已知或潜在的错误概率，则这种概率应当能使用相关实验来确认。

4. 其过程应当严格按照现有的技术操作规范标准进行。

---

①Rule 104 FRE states in pertinent part: Preliminary Questions. (a) Questions of admissibility generally. Preliminary questions concerning the qualification of a person to be a witness, the existence of a privilege, or the admissibility of evidence shall be determined by the court, subject to the provisions of subdivision (b) . In making its determination it is not bound by the rules of evidence except those with respect to privileges. And see *Daubert*, *infra*, p. 592 and *General Electric v. Joiner*, 522 U. S. 136; 118 S. Ct. 512; 139 L. Ed. 2d 508 (1997), p. 141 (1997) .

②See, for example, Joseph, G. andSaltzburg, S. , The Federal Rules of Evidence in the states, Rule 702, p. 17 (1992) and the discussion in Giannelli, *supra*, § 1. 11, pp. 68 - 69.

③509 U. S. 579; 113 S. Ct. 2786; 125 L. Ed. 2d 469 (1993) .

④But the application of these factors in *Daubert* is flexible and are suggested where appropriate to the facts and are not required in every case, *Kumho Tire v. Carmichael*, 526 U. S. 137; 119 S. Ct. 1167; 143 L. Ed. 2d 238 (1999), pp. 150 - 151.

5. 其结果的精确性被同行广泛认可。

注意：弗赖案判例中同样有类似的专家采信机制声明。因此弗赖标准目前并未被最高法院完全废除，它成为了审判庭需要考虑的一系列因素之一[①]。

后来美国最高法院在通用电气公司诉乔伊纳案[②]和锦湖轮胎公司诉卡迈克尔案[③]这两个案件的判决中又对道伯特标准的使用条件进行了附加解释。

此外，在道伯特案复审期间，美国第九巡回上诉法庭使用了其他一些因素来帮助确认一项科学技术的精确性：

1. 专家证人是否准备围绕某个问题在法庭上作证，专家证人是否在诉讼中是独立的，他们的意见是否基于有针对性的检验[④]。

2. 专家证人是否会从一个已知前提无理地推断出一个毫无事实根据的结论[⑤]；在通用电气公司诉乔伊纳案[⑥]中，审判庭会考虑专家意见与实验数据之间是否存在重大差异。

3. 专家证人是否对某个问题的通俗性解释做出充分说明[⑦]。

4. 专家证人在他的付费诉讼咨询之外的日常专业工作中是否足够谨慎细致[⑧]，道伯特标准要求审判庭保证所聘用的专家证人与该领域的专家在知识水平及实践的严谨性上是同一档次的。

5. 专家证人所宣称其所擅长的专业领域在解决某法庭问题上是否可靠[⑨]；根据道伯特标准，如果是基于一个缺乏可靠性的学科得出的专家证词，例如所

---

①See the discussion of the new FRE rules and the decision in *Daubert*, Faigman *et al.*, *supra*, §§ 1-3.0 to 1-3.1, pp. 10-65.

②522 U.S. 136; 118 S. Ct. 512; 139 L. Ed. 2d 508 (1997).

③*Kumho*, *supra*.

④*Daubert*, on remand to the Ninth Circuit US Court of Appeals, 43 F. 3d 1311 (1995), p. 1317.

⑤*Daubert*, on remand, 43 F. 3d footnote 17, p. 1321.

⑥*Supra*.

⑦Note: The possibility of someuneliminated causes usually presents a question of weight rather than admissibility, so long as the most obvious causes have been considered and reasonably ruled out by the expert.

⑧*Kumho*, *supra*, p. 152.

⑨*Kumho*, *supra*, p. 149.

谓的占星术或招魂术相关理论[①②]，那么这种证词是不能采纳的。

科学方法

科学方法最早源于艾萨克·牛顿爵士的实验[③]。该草案是任何科学实验、科学技术或研究过程准确性的保证[④]。科学方法通常遵循的一系列步骤包括：①确认一个需要解决的问题；②提出一个假设；③验证这个假设；④收集和分析数据；⑤得出结论[⑤]。事实上，在如今的诉讼活动中所用的科学方法，第九巡回上诉法庭当年在考虑道伯特标准时，已将其应用于最高法院所谓“因素”的相关事实。这意味着对于受尊重且优秀的科学家的定义以及什么是“好科学”什么不是“好科学”并没有一个共识。由于职责所在，法庭可能会偶尔拒绝某些专家的证词，因为该证词不是基于“科学的方法”[⑥]。现在很多文献都

---

①*Kumho*，*supra*，P. 151；and see *Oglesby v. GMC*，190 F. 3d 244（4th Cir 1999）.

②See *Expert Admissibility Symposium*：*Reliability Standards-Too High*，*Too Law*，*or Just Right*?，33 *Seton Hall Law Review* 987（2003），for a discussion of some of the effects *of Daubert* in the establishment of a reliability standard.

③See also Sir Francis Bacon，*Novum Organum*（1620），which，while not specifically mentioning the "scientific method" as such，focused on scientific research methodology. However，Newton took the issue much further in his *Philosophiae Naturalis Principia Mathematica*（*Mathematical Principles of Natural Philosophy*）（1687）.

④See，for example，*Daubert*，*supra*，p. 593，where the Supreme Court stated："Ordinarily，a key question to be answered in determining whether a theory or technique is scientific knowledge that will assist the trier of fact will be whether it can be（and has been）tested. 'Scientific methodology today is based on generating hypotheses and testing them to see if they can be falsified；indeed，this methodology is what distinguishes science from other fields of human inquiry.'"

⑤Raum，*supra*，pp. 179－181；Giannelli，*supra*，§1. 12，pp. 69－70；and see Faigman *et al.*，§§ 4－1. 1. 0 to 4－7. 0，pp. 115－149，which includes an excellent appendix of further reading on the subject；and see Gauch，H. G.，*Scientific Method in Practice*，Cambridge University Press，Cambridge，United Kingdom（2003）p. 456.

⑥*Daubert*，on remand to the Ninth Circuit US Court of Appeals，43 F. 3d 1311（1995）at p. 1316；Raum，*supra*，pp. 180－181.

体现了这一问题的重要性[①]。

单纯意见规则

证据法学中，在讨论任何专家出庭作证的相关法规时，还有另一个概念需要注意，那就是所谓的“纯意见”的影响[②]。“纯意见”与弗赖案或道伯特案判决中的证据要求是完全不同的。要克服任何弗赖案和道伯特案的初步挑战[③]，那么对于任何专家的具体意见，无论是基于一组已知的事实还是其提供的科学检验、技术或方法的结果，其本身就是不受弗赖案或道伯特案判例的限制。

“纯粹意见证词，以专家意见为例，被告没有能力或没有必要按照弗赖案的判例，因为这种类型的证词是基于专家的个人经验和学识。然而除去专家的公信力，陪审团仍然会对专家的证词进行分析，就如同陪审团也会对某个目击证人的证词进行分析一样。”[④]

在这种情况下专家意见完全依赖于专家本身的公信力。因此，除了任何弗赖案或道伯特案中对相关科学的准确性和有效性的挑战[⑤]，法庭对专家意见的

---

①For example, see an excellent discussion of the scientific method found inMoenssens, A. A., Henderson, C. E., and Portwood, C. G., *Scientific Evidence in Civil and Criminal Cases*, 5th edn, Chapter 20, sections 20.06 – 20.09, as it relates to the field of behavioral sciences; and see, for example, the authoritative *Guide for Fire and Explosion Investigations series* by the National Fire Protection Association (NFPA), which commences its in—depth discussion of the topic with an entire chapter offering detailed instruction to investigators on the applicability and use of the scientificmethod, see Chapter 4, sections 4.1 – 4.5. Compliance with the procedures in the NFPA 921 guide has formed the basis for the admissibility of scientific fire and arson evidence in cases in the United States.

②As it is identified by the courts of the State of Florida.

③It is to be noted that this analysis is a two-part process. If any *Frye* or *Daubert* challenges have been satisfied or if the underlying scientific technique, etc. has already been deemed to be reliable (i. e., the court takes judicial notice of this fact) then the testimony of the expert is received subject to the limitations described herein. The opinions seem to combine the two—steps, see, for example, *Andries v. Royal Caribbean Cruises Ltd*, 12 So. 3d 260 (3d DCA 2009) and the excellent discussion of the issue in *Marsh v. Valyou*, 977 So. 2d 543 (Fla. 2007).

④*Flanagan v. State*, 625 So. 2d 827, 829 n. 2 (Fla. 1993), p. 828.

⑤See, for example, FRE 702 “…, (2) the testimony is the product of reliable principles and methods …”.

采纳主要集中在确认专家是否有相关资质[①]、是否需要采纳某领域专家的证词[②]、专家的专业领域与当前案件中某一事实情况的相关性[③]以及专家证词和任何潜在偏见之间的相对权重[④]。

英国的经验

在英国几乎没有对专家证词进行质证相关的“判例法”（在英国仅仅被称为“专家证据”），但是在这个问题上的确非常有启发性[⑤]。1984年南澳大利亚最高法院对某个案件进行了判决[⑥]，虽然在该案中没有直接引用弗赖案的判例，但却使用了类似弗赖案的模式。该案现在已经作为权威判例在法庭审判中进行了广泛引证和引用[⑦]。在博尼孙和巴林银行案（Bonython and Barings）中，都使用两步测试来确认是否采纳专家证据。根据这些判例，法院必须做到以下几点：

1. 通常意义上的专家证据是推荐一个相关专家来给出初步的结论。为了得到这个结论，法院必须做到以下两点：①法庭必须确认该专家是否接到过上级指示，是否拥有某问题相关领域的知识技能，陪审团和法官是否能在该专家

---

①See, for example, FRE 702 "… a witness qualified as an expert by knowledge, skill, experience, training, or education, may testify thereto in the form of an opinion or otherwise (1) If…".

②See, for example, FRE 702 "If scientific, technical, or other specialized knowledge will assist the trier of fact to understand the evidence or to determine a fact in issue…", or the application of Frye.

③See, for example, *State v. Griswold*, *supra*, and the excellent discussion of the issue in *Marsh v. Valyou*, 977 So. 2d 543 (Fla. 2007), and FRE 702 "… (3) the witness has applied the principles and methods reliably to the facts of the case."

④See FRE Rule 403, which provides: "Although relevant, evidence may be excluded if its probative value is substantially outweighed by the danger of unfair prejudice, confusion of the issues, or misleading the jury, or by considerations of undue delay, waste of time, or needless presentation of cumulative evidence."

⑤See *Folks v Chadd*, discussed *supra*.

⑥*R. V. Bonython* (1984 S. A. S. R.) 45.

⑦See, for example, *Barings Plc v. Coopers&Lybrand*, Chancery Division (Transcript) 9 February 2001, *The Times*, 7 March 2001.

证人的情况下依靠经验进行判断（即所谓的“必要性”或“能解决问题”要求[①]）[②]。这一问题也属于相关性的类别[③]。如果确定需要专家证人，那么进行下一步；②法庭必须确认专家意见或建议是否来源于专家的知识体系或专门经验，该知识或经验是否得到广泛的认可或接受[④]，专家证人对其证词能否给法庭提供帮助这一问题是否了解[⑤]。这种规定看起来似乎只是弗赖案判例标准的另一种描述[⑥]，如果法庭已经确认需要一个专家证人出庭，那么可以进行下一阶段处理。

2. 法庭下一步应该对专家证人的专业资质进行审查，确认其是否有解决某一法庭问题的相关经验或知识[⑦]。

到达这一步之后，法庭必须确定专家意见是否可能误导陪审团从而造成不公正决断[⑧]。这个普通法概念主要体现在美国第 403 号法案中的联邦证据规则中[⑨]。如果不会导致过度的偏见，那么最后一个障碍也就消除了，法庭才能允许专家证人向陪审团提供他们的意见。

另外值得一提的是，在英格兰以及英国其他地区，质证对方邀请的专家证

---

①One text refers to this requirement as the “one and only authentic criterion of admissibility”, see Roberts, P. andZuckerman, A., *Criminal Evidence*, 2nd edn (2010), § 11.4, p. 486 and the discussion therein.

②See, for example, *R. V. Turner* (1975) 1 QB 884. CA and *R. v. Gilfoyle* (*No* 2) [2001] 2 Cr App Rep 57; *R v Weightman* (1990) 92 Cr App Rep 291, [1991] Crim LR 204; *R. v. Turner* (Terence) (1975) 60 Cr App R 80 [1975] QB 834.

③Compare FRE 401 where it states: “ ‘Relevant evidence’ means evidence having any tendency to make the existence of any fact that is of consequence to the determination of the action more probable or less probable than it would be without the evidence.”

④Roberts and Zuckerman, *supra*, suggest (p. 494) that there is no formal rule as to “field of expertise”, see the discussion therein; see *R. v. Dallagher* [2003] 1 Cr App Rep 195 and *Strudwick and Merry* (1993) 99 Cr App R 326, where it was said that “evidence based on a developing newbrand of science or medicine is not admissible until accepted by the scientific community as being able to provide accurate and reliable opinion.”

⑤*Bonython*, *supra*, p. 46.

⑥See *R v. Dallagher*, *supra*, where it stated that the analogy with R 02 is clear; and see *R. v. Gilfoyle* (No 2), *supra*.

⑦For further study the reader should refer to the discussions of this process in *Hodgkinson*, *supra*, pp. 13-19, and Roberts and Zuckerman, *supra*; and see *R v. Silverlock* (1894) 2 QB 766, *R. v. Robb* (1991) 93 Cr App Rep 161, and *R. V. Dallagher*, *supra*, in general.

⑧As to evidence for the prosecution, see *R. v. Sang* (1980) AC 402.

⑨FRE 403 provides that: “Although relevant, evidence may be excluded if its probative value is substantially outweighed by the danger of unfair prejudice, confusion of the issues, or misleading the jury, or by considerations of undue delay, waste of time, or needless presentation of cumulative evidence.”

人在法庭审判过程中有重要的意义。通常质证可以成功地暴露出专家证人本身的偏见和验证他们观察、聆听和理解外部刺激的能力。此外，质证还可以测试专家证人的专业能力高低和公正性。然而，质证不应该到此为止。上文讨论的证据相关法律与规定是建立在任何科学证据的准确性和有效性之上的。在弗赖案或道伯特案的判例中，证据的采纳是基于迄今为止只要是可能使用的科学的检验、方法和技术之上，而这些科学的检验、方法和技术同时也是形成准确而有效的专家意见的基础。从本质上来说，弗赖案或道伯特案允许辩方律师向法官和陪审团提供一些信息来质疑专家意见的准确性和有效性。有了这些信息，陪审团可以站在一个更高的角度来检视形成专家意见的整个过程，从而更好地衡量专家证人的可信度。有鉴于此，尽管无论是弗赖案和道伯特案的判例还是美国联邦法规在英国都没有法律约束力，但是控辩双方可以使用道伯特标准在适当的地方对专家证人的可信度进行质证[①]。就这一点而言，道伯特标准并没有用于对专家资格的审核，而是用于质疑专家证人的可信度，并影响陪审团对该专家意见的考虑权重。

此外，在这个领域有一些由巡回审判法官审理的民事诉讼判决，审判庭允许在听证会上使用道伯特标准来对专家证人进行恰当的质证。这样做的目的，就是为了确保专家意见的有效性。在质证过程中，涉及的科学必须通过道伯特标准的质证，证明其是“普遍认可的”，那么该专家意见才具有有效性[②]。换句话来说，“普遍认可”的基础到底是什么？

刑事诉讼法 2010，第 33 条

起初，每当认为专家提供的证据可采纳时，该证据的支持者应查阅刑事诉讼法 2010（CrPR）第 33 条作为指导。虽然所有这些法规在法庭上都必须应用，但对于专家证人而言有两条法规需要重点讨论。

第 33.2 条　专家在法庭上的义务

1. 专家必须帮助法庭达到主要的目标，那就是在他的专业知识领域内给予客观、公正的意见。

---

①For example, see the comment in footnote 11, *Daubert* on remand, 43 F. 3d, p. 1319.

②See, for example, *Ficic v State Farm Fire & Cas. Co et al.*, 9 Misc. 3d 793; 804 N. Y. S. 2d 541 (2005) and *Clemente et al. v. Blumenberg*, 183 Misc. 2d 923; 705 N. Y. S. 2d 792 (1999). Note: These two decisions were rendered in New York State, which is a jurisdiction controlled by *Frye*.

2. 这一义务需要专家不能倾向于委托任务或支付相关费用的一方。

3. 这一义务包括了当作为证据的专家意见报告有修改的时候务必通知控辩双方和法庭。

第 33.2 条的要求是非常重要的，如果某个专家背离了这种高标准，那么他或她的公信力必然会永远受质疑。

第 33.3 条　专家鉴定书的内容

1. 一份专家意见报告书【译者按：国内称之为司法鉴定意见书】必须包括以下几点：

（1）向法庭提供专家资格证书以及相关经验和资质的详细情况。

（2）向法庭提供出具报告所引证的任何相关参考文献和信息的详细情况。

（3）包含一个声明，表明专家在报告中表达的所有观点都是基于客观事实的陈述以及相关结果的分析说明。

（4）明确在报告中陈述的事实中哪些是基于专家的知识。

（5）向法庭陈述专家意见书中的所有相关检验、测量、测试或实验分别是由谁进行的。

①向法庭提供每个实验分析人员的资格证书以及相关经验和资质情况。

②向法庭说明每个检验、测量、测试或实验是否是在专家的指导下进行的。

③总结各种检验、测量、测试或实验的发现。

（6）在专家意见书的报告中如果有不确定的意见，那么：

①总结相关专家意见的范围。

②向法庭解释产生这种不确定意见的原因。

（7）向法庭陈述如果没有相关资格就不可能给出专家意见的原因。

（8）包含一段有相关结论的总结。

（9）包含一个专家了解他在法庭上的义务并坚决履行相关职责的声明。

（10）包含与出题作证相同的宣誓词。

2. 第 33.3 条第一款中第 9、10 细则适用于由一个专家在其意见报告书中总结陈词时（注：该法案第 27 条包含有证人出庭的相关誓词，声明证词是真实的。证人出庭誓词在《1967 年刑事司法判例》第 9 部分以及《1980 年地方法院判例》第 5B 部分有详细叙述。根据《1967 年刑事司法判例》相关内容，控辩双方中的一方接受另一方提供的专家意见可能会允许这些意见作为事实。关于专家所采用的实验分析结果作为证据是否被采信，在《2003 年刑事司法判例》第 127 部分中有详细叙述）。

新的刑事诉讼法从2010年4月10日开始起效，这个新法规对专家证人的报告内容进行了限定①。仔细阅读这部新法规就会发现，几乎所有律师需要初步了解的专家证据问题都包含在法规内。不管是专家提供的证据的支持者还是反对者，都必须通过这份报告来学习专家意见陈述的规范。在这一点上，律师以及专家意见的支持者们完全了解专家意见的科学基础非常重要。这不仅需要在庭审时恰如其分地陈述证词，还要准备发现和录制证词，当对方质疑己方的专家证人时随时反驳对方论点②。在美国，民事案件通常会根据专家证人的证词进行预审。这种方式会平衡律师和反对者的权重，因此他们可以对任何证据都提出适当的质疑。在律师与专家进行磋商时，律师和支持者应该为专家提供关于决定专家证据能否被采信的潜在证据法规相关的详细情况分析，因为在专家正式出庭作证以前，专家必须要能说服庭审的法官认可该证据③。

第190号法律委员会咨询意见书

写本章节的时候，第190号法律委员会咨询意见书，即在刑事诉讼中专家证据在英格兰和威尔士的出庭许可已经提到议程上了。这份广泛的报告建议将专家证据的许可与应用编纂入法律中。报告本身主要基于《1975年美国联邦法院法规》《美国联邦法院法规2000年修正案》编纂的成功经验以及各个州对该法条的不同释义，尤其是参考了本书第七章中专家意见与证词相关内容。

---

① This rule is in complete conformance with the expert report requirements of ISO/IEC 17025, which is an existing standard governing the establishment and maintenance of a forensic laboratory and is currently in use in the United States and Europe. Compliance with ISO/IEC 17025 is used as a standard in the reviewprocess for the certification of forensic laboratories in the United States by ASCLD, The American Society of Crime Lab Directors; see www. ascld. org/ and ISO, International Organization for Standardization, at www. iso. org/iso/catalogue _ detail. htm? csnumber=39883 for more details. NOTE: a revision of ASTM standard E620, governing the expert's report was approved in May of 2011 bringing it into agreement with ISO/IEO 17025; see www. astm. org/Standards/E620. htm.

② In the United States, civil cases are very often decided pre-trial by summary judgment based upon an expert witness's deposition.

③ For an excellent discussion of the lawyer-expert communication issues see Expert Witnessing: Explaining and Understanding Science, Meyer, C. , Ed, CRC Press (1999), Chapters 8 & 9.

第五章　法医植物学DNA分析指南

马修·A. 吉赛丹纳　博士

引　言

遗传学分析虽然不像影视剧中演绎的那样普遍，也不是每次都有一锤定音的效果（Baskin and Sommers，2010），但仍然不失为一种案件侦破的利器。自从20世纪80年代中期DNA被引入法医学以来，DNA物证在应用范围、精准程度和公众接受度等方面有了飞跃式的发展（Butler，2009）。然而，这种发展大部分局限于法医遗传学人体样本检验方面的应用，对非人体样本的研究不多（Coyle，2008），而对植物证据的遗传学检验就更少了。本章将概述一些法医植物学的遗传学检验应用。本书其他章节讲述和探讨了根据植物形态学和解剖学特点进行种属鉴定，然而这些特征和特点在许多现实案件中有时无法在现场找到，因此无法进行后续的分析和推断工作。在部分案件中，使用遗传学方法对植物证据样本和疑似植物进行比对可能会有意想不到的效果。遗传学技术能够为这类案子的侦破提供快速而有价值的信息，大大提高了植物证据的证据学价值。

脱氧核糖核酸（deoxyribonucleic acid，DNA）是遗传学研究的众多遗传物质之一。除了某些病毒如艾滋病病毒（HIV）仅以核糖核酸（ribonucleic acid，RNA）为遗传物质，地球上的绝大部分的生物都是以DNA为主要遗传物质。DNA有惊人的简约性，仅用四种基本的脱氧核苷酸通过不同顺序的排列组合就构成了众多生命的蓝图。正是由于其广泛性，DNA将所有的生命都联系在一起，并通过四种核苷酸的排列顺序改变来记录了遗传学突变的历史进程。对这些个体遗传学差异性的研究是法医遗传学的基础。染色体组（genome）上某些基因片段的突变频率比另一些片段要高很多，因此科学家能通过这些片段的差异来比较两个个体间不同水平的差异，如界、科、种以及种群等相关的独立个体。DNA的简约性掩盖了这样一个事实——DNA包含了几乎无穷无尽的故事。

遗传学检验能够协助案件侦办人员确认植物证据的种属、推测样本产地以及比对两个植物证据的遗传学相似性。根据植物证据样本类型、需要从植物证据获取的信息以及案发当地客观条件的不同，案件侦办人员可以选择与案件相应的遗传学检验分析方法。本章将介绍一些目前常用的植物证据遗传学分析方法，并对相关技术进行概述，以指导现场中的植物证据采集与保存。但是，毒品植物的检验（Coyle 等，2001，2003）、专利植物品种与植物原产地鉴定（Gressel 和 Ehrlich，2002）等方面本章不进行详述。为了案件侦办人员能够了解法医植物学实验室有哪些遗传学检验分析方法，在办案联系实验室时能够正确地委托相关检验分析项目，本章将对各种检验分析方法进行简介，但不包含详细的分步式实验流程。了解了各种类型的植物证据遗传学分析方法及其适用范围，非技术部门人员就能够在现场正确地采集和保存植物证据样本并使这些样本在案件侦破中起到的作用最大化，还能知道要将植物证据样本送到哪些部门做进一步检验分析。本章的最后，提供了几个使用遗传学分析植物证据辅助破案的经典案例以供读者参考。

植物证据样本类型与用于 DNA 检验分析的样本采集

能够用于遗传学分析的植物组织类型非常广泛。现场勘验人员必须先在现场中采集各种可能有潜在证据作用的植物样本。如果因为忽视了某种植物与案件的联系而没有及时采集样本，那么其证据作用就可能永远丧失。现场中采集到的各种植物证据样本，除了极少数需要特殊的工具或方法来保存，绝大部分的样本都可以使用廉价的方式长期保存，并可直接用于后续的样本检验分析。但是，如果没有采用正确的方式保存的植物证据样本，其 DNA 会快速降解，因而失去其证据价值。只有正确地采集与保存样本，才能提高植物证据遗传学分析的应用价值并延长其检验窗口期。

植物的叶子是植物学专家在他们的遗传学分析研究中的最常用植物组织。如果是从活体植物上采集的叶子，那么至少要取一到两片总面积不小于 2 cm^2 的绿色叶子。采集叶子样本时，切忌采集那些腐烂、感染或带有昆虫的样本。如果是从已枯萎死亡或没有叶子的植物上采集样本，则只能采集其他类型的植物组织作为样本。干化或枯萎的叶子也可以用于 DNA 检验分析，但随着其干化或枯萎时间的延长，样本中含有的 DNA 会逐渐降解，其检出的成功率也会显著降低（Craft 等，2007）。植物的花朵是非常好的 DNA 检验分析样本，无论是新鲜还是已经干化的样本都能检测到非常好的分析结果。虽然近年来有学者使用植物的木质部分成功地进行了遗传学分析，但腐烂的木质部分不宜用于

DNA检验分析（Finkeldey等，2009）。植物的木质部分DNA含量远低于叶子，并且其内所含的一些化合物会抑制聚合酶链反应（polymerase chain reaction，PCR），因此常常会导致DNA检验分析失败。不过，使用植物木质部分进行DNA检验分析的方法仍然在不断地改进中。植物的种子（Walters等，2006）、果实甚至是根部（Kumar等，2003）也是非常适合进行DNA检验分析的。总而言之，几乎所有的植物组织器官都有遗传学分析的潜力，但植物的年龄、状态以及DNA本身的差异导致了各种不同样本的应用价值差异。如果对此存在疑问，那么就把该植物的各种组织器官都采集一份样本。

对植物证据样本进行保存并用于遗传学检验分析最简单的方法就是使用硅胶来浸泡样本（Fisher Scientific catalog ＃S684－212）。脱水处理能够抑制酶的活性，降低酶对植物DNA和其他一些细胞结构的破坏。此外，脱水处理也能有效地降低样本上真菌滋生的概率。用于DNA检验分析的植物叶子样本可以直接装入塑料封口袋并向袋内注入几克液态硅胶。为了判断硅胶是否已经吸满水分而需要更换，还可以在袋内混入少量指示性硅胶（Fisher Scientific catalog ＃S162－212）。一旦叶子完全干化了，那么该样本就可以在室温下长期保存。

绝大部分的植物证据样本都可以用硅胶来脱水保存。已经干化的叶子或植物木质部分，在不使用硅胶的情况下也能保存相当长的时间，但使用硅胶能延长样本DNA的降解速度并且能防止样本因接触潮气而腐坏。那些含水量特别丰富的植物证据样本，例如仙人掌或某些多肉植物，则需要频繁地更换硅胶以保证样本充分脱水干化。

室温下如果没有干燥剂，植物证据样本是很难长期保存的，这一点一定要避免。DNA实际上是一种相当稳定的生物大分子，因此在没有进行检验分析之前不要武断地认为样本无法进行扩增。研究显示，无论是150年的干化样本（Rogers和Bendich，1985；Savolainen等，1995）还是遗迹考古中发现的植物种子（Cappellini等，2010），甚至是1700万—2000万年前的化石中（Soltis等，1992）也能顺利提取到DNA。DNA检验分析在这些没有证据意义的罕见样本实验研究中起到了至关重要的作用。因此，只要遗传学能在案件侦破的过程中起到作用，即使样本质量不达标也不要放弃遗传学分析这个手段。

如果现场没有硅胶可用，那些几天之内能够进行检验的样本可以直接保存在4℃的冰箱内。需要保存数月才能完成检验的样本可以冻存在－20℃的冰柜中，而需要保存数年的样本则必须保存在－80℃的超低温冷柜中。除了上述温度条件，在所有情况下，样本都必须储存在密闭的塑料袋或容器中。上述方法主要用于保存少量植物证据样本，如果样本量特别大，冷藏设备的空间就显得较为有限了。对于这种情况，建议仍然使用常温储藏室，但在样本附近一定要放置大量干燥剂以防霉变。

遗传学数据的使用

植物种属鉴定

当某个植物证据样本由于生物学特征缺失或仅有残片时，通常无法根据使用形态学或解剖学方法对样本进行种属鉴定。在这种情况下，往往需要借助遗传学方法对样本的 DNA 片段进行检验分析。

生物体基因组中某个片段的 DNA 序列即碱基对顺序是能够确定的，因此通过比较不同样本中同一片段的 DNA 序列可以研究样本间的相似性或差异性。DNA 条形码是近年来发展十分迅速的研究领域，该技术的核心是通过一系列已经测序过的 DNA 片段来检测未知生物样本是否与数据库中的某个已知物种样本相匹配。在动物学 DNA 条形码研究领域，细胞色素氧化酶 I（cytochrome oxidase I，COI）基因是主要研究的焦点（www.barcodeoflife.org），而植物学方面则至今还未找到一个最佳区域（基因片段或部分基因组）（Rubinoff 等，2006；Kress 等，2009；Roy 等，2010）。不过，仍然有一些公认的适合进行种属鉴定的方法，如联合 rbcL、matK、trnH-psbA 间隔区以及内转录间隔区（internal transcribed spacer，ITS）等进行综合分析（Kress 等，2005；Rubinoff 等，2006；Valentini 等，2009；Dunning 和 Savolainen，2010；Roy 等，2010）。当然，学术界目前的共识就是尽量结合以上四种基因片段测序的结果来综合分析，而不是单一测定其中的一到两种，以增加植物种属鉴定的准确性。整个技术流程主要包括从样本中提取 DNA，使用引物和 PCR 技术对特定的 DNA 片段进行扩增，使用测序法对基因片段进行测序，最后将测序得到的结果与美国国家生物信息技术基因库数据库（www.barcodeoflife.org）之类的公共数据库进行比对。除了用于未知物种的鉴定，DNA 条形码鉴定技术还可以用于植物生境以及其他相关植物的鉴定。

几乎所有基因条码的 PCR 引物都能人为地设计出来，但由于引物序列处于不断地完善中，与植物种属或科目相关的许多基因座都需要几种引物组合来进行复合扩增（例如 matK 片段比较适合目一级的鉴定），因此案件侦办人员最好还是查找相关的文献来设计引物序列（Dunning 和 Savolainen，2010）。克雷斯等（2005）设计的基因片段扩展与测序方法为 DNA 条形码研究提供了一条非常好的思路。目前这类 DNA 片段序列分析每个样本需要花费 15～40 美元，费用的高低取决于测序的基因座数量和样本自身的质量，其他一些附加的费用主要来自于部分实验室的设备维护费。

DNA条形码极大地扩展了残碎样本的应用可能性，为法医植物学研究建立一个全新的平台。然而，这也意味着案件侦办人员必须更加深入地了解植物证据的作用，并在现场勘验时正确地采集和保存植物证据样本。过去大量残碎样本很难提供有价值的信息，借助DNA条形码技术，这些残碎样本可以同时鉴定出多个植物种属，绘制一幅植物生境的情景并为案件侦办人员提供更加有用的潜在信息。

植物原产地鉴定

要鉴定某种植物的原产地，通常需要联合应用上文叙述的DNA片段测序法和下文将要介绍的基因标记物方法。样本的DNA序列的系统发生学分析（例如进化史重建）能够检测某种广泛分布的物种在不同地区的分布模式，从而定位原产地（Petit和Vendramin，2007）。从更精细的尺度而言，用于研究种群水平的微卫星标记或其他一些遗传学标记同样可以用于追溯某物种的原产地。遗传学标记数据能够用于分析某个未知样本是否属于某个特定种群的概率（Manel等，2002，2005）。

植物个体种属鉴定

涉及人类组织样本的法医遗传学分析通常需要将采集到的样本与数据库中某个样本进行比对，以期将未知样本与某个已知个体联系起来。关于遗传学标记的细节下文将会详细论述，但人类组织样本法医遗传学研究的成功，是基于人类遗传学数据库中数百万个体的同一个基因座的基因型频率，是大数据分析的结果（Butler，2009）。在早期的人类遗传学分析中，不同行政地区采用了不同的基因座，回避了数据聚合以及行政地区之间的比较。不同的国家和地区至今仍然使用着不同的遗传学标记体系，并且与添加样本相关的法律法规也存在较大的差异（Jobling和Gill，2004）。但是，DNA联合索引系统（combined DNA index system，CODIS）中基因座的标准化以及国家DNA索引（national DNA index，NDI）的建立使得这一技术在1994年取得了重大的发展。使用CODIS标准的标记物和基因型数据库后，人类组织样本检测后能够非常快速地进行配对，并可以对随机样本匹配概率进行评估。

随机匹配可能发生在任意的基因座上。例如，几乎1/4人群的D3S1358基因座有15个重复等位基因（Butler等，2003），但当检测的基因座增多时，匹配的概率也就越来越低。当一个基因座的随机匹配概率是1/4，而另一个基因座的随机匹配概率是1/50，那么这两个基因座同时匹配上的概率则变为1/200。

当累计到法医遗传学中最常用到的13个基因座时，随机匹配的概率就会降到七十亿分之一，几乎是和全人类的数量一致。这是多么奇妙的一个巧合啊！

遗憾的是，由于目前缺乏CODIS这类型的公共数据库，植物证据的法医遗传学鉴定受到了极大的限制。植物证据样本与疑似植物的DNA即使完全匹配上了，也很难解释这是不是偶然结果。这些植物DNA标记是否真的能用于植物间的鉴别？此外，如果某种植物是通过自我克隆或出芽生殖，那么同样的基因型很可能会呈现全国性分布，这样就更难鉴别其原产地了。因此，要使用遗传学方法来鉴定某个未知的植物，就必须建立一个公共数据库。要建立数据库，首先要在各个犯罪现场采集现场周边的植物或疑似植物以及分布在其他地区的该种植物，并对所有样本进行基因分型。只有确定了样本基因分型的远近，案件侦办人员才能确定样本随机匹配的概率。建立这种数据库需要相当大的工作量，因此，证明某个植物证据样本不是某种植物要比证明它是该种植物容易得多。

在着手使用遗传学方法比对两个样本以前，必须要预测将会出现的几种可能性。这一点会影响到案件侦办人员，引导他们考虑哪些样本需要进行遗传学鉴定。对于分布较广泛的常见植物，其调查意义显然不如那些少见的植物。一年生植物极难进行遗传学鉴定，除非该种植物正处于生长期并且现场勘验、样本采集和送检的速度都比较快。风媒植物的法医植物学意义远不如虫媒或鸟媒植物。如果某些植物的遗传学变异度与几个不同的自然环境有关，那么在这些环境中选取目标植物有时能有效提高样本匹配成功率（Hamrick 和 Godt，1996）。

基因分型方法

一般性考虑

无论使用哪种标记物，其技术方法和防范措施保持一致性是非常必要的。一旦确定要对植物证据样本进行遗传学检验分析，必须要先选择遗传标记的种类然后联系相关实验室进行分析，才能有效地增强案件证据强度。对于标记物的选择，主要是基于实验室所拥有的设备与技术、检验分析目的以及经费预算限制。微卫星标记是目前使用范围较广也最常用的遗传学标记，但微卫星标记的费用也非常高。下文将介绍一些费用较低但同样能达到植物种属鉴定目的的标记物。

一旦选择了某个遗传标记系统，那么首先必须建立与犯罪现场的植物证据样本相似植物的基因分型。使用采集到的同品种新鲜绿叶来优化分析流程时，选用的植物种属与现场中采集到的植物证据样本种属越接近越好。如果植物证据只剩叶子残片，那么可以采集现场同种植物的完整叶子作为补充样本。研究者可以先使用非证据样本（补充样本）来测试和优化整个检测流程，以便提高证据样本的 DNA 检验分析成功率。在建立和优化分析流程的过程中，必须选择那些有足够变异度和分辨率的遗传标记。如果初步试验发现某个标记物的遗传学变异度较差或完全无变异，则需要重新选择遗传标记。

当实验室对补充样本能够建立完善的基因分型实验流程并能够处理随后的问题后，才能开始对植物证据样本进行检验分析。在进行样本检验分析时，一定要注意保证实验室清洁卫生，以免样本间交叉污染。如果是需要证实现场中采集到的植物证据样本与已知植物样本间的联系，那么两个样本绝对不能同时进行检验分析。分开进行检验分析能够有效地降低实验室内交叉污染的风险。

如果植物证据样本是可以重复获取的，那么在采集时一定要多采集两到三份作为重复样本，但在进行 DNA 检验分析时一定要分开进行，尤其是使用后文将要详述的一些非特异性标记物时。即使样本中只提取出一份 DNA 拷贝，也可以将标准流程再多重复几次，以保证获得足够多的基因分型复制品来进行重复实验。以下讨论的所有方法都是基于 PCR 法来扩增基因片段并检验基因分型。PCR 法对次级化合物以及 DNA 碎片极其敏感，有时会发生等位基因丢失现象。这一现象并不代表该等位基因不存在，而是因 PCR 扩增失败而缺失。使用复合扩增方法并进行细致地验证能够对等位基因丢失起到一定的代偿作用。

DNA **提取**

绝大部分的植物 DNA 提取方法都涉及捣碎植物组织、添加含洗涤剂的缓冲液来破开细胞壁和细胞膜、去除不需要的化合物以及通过沉淀或过滤的方法将 DNA 萃取出来。目前最常用的方法是 CTAB 法。该方法由道尔（Doyle 和 Doyle，1987）首先描述并由库林斯（Cullings，1992）改进，是采用西曲溴铵（cetyltrimethylammonium bromide，CTAB）缓冲液和氯仿提取，然后以二氯化碳使 DNA 沉淀。许多商业化的试剂盒如德国凯杰公司（Qiagen DNeasy）的植物 DNA 提取迷你试剂盒（Qiagen Inc.，Valencia，CA）。对于不同的植物组织，已有各种的改进流程（Cheng 等，1997）或针对难以提取 DNA 种属的方法（Porebski 等，1997）等报道。以各种试剂盒为基础的标准化实验流程方法能够提取出非常高质量的 DNA，但如果不改进就很难提取部分分析困难种属。最后，DNA 提取方法的不同主要还是取决于送检的实验室本身的偏好以及对补充样本的检验。

微卫星标记

人类的指纹在很大程度上是基于13号染色体上的一系列微卫星基因座的。微卫星DNA是人类基因组中的一些片段，其大多由2～3对碱基对构成核心序列，呈串联重复排列，例如ATGATGATGATGATGATGATG。微卫星DNA区域存在于所有真核生物基因组内，并且在生物进化过程中频繁地增加或减少重复次数（Li等，2002；Richard等，2008）。这意味着在某种生物、某个种群甚至是在一家人之中不同个体都会拥有不同的序列重复次数。每个基因座都可以设计特殊的PCR引物来进行扩增。扩增产物会不断地被筛选并复制数量，最终得到足够多的拷贝来用于样本和数据库间的比较。

在使用微卫星DNA来辅助植物证据样本分析时，一个挑战就是在大部分的案件中，采集到的植物证据样本没有微卫星基因座可供检验分析。植物的基因座具有种属特异性，因此每一起案件都必须从头开始投资研究这些与植物证据样本相关的基因座。不过幸运的是，植物基因座的普查已经越来越容易，商业化的检测只需要2000～5000美元。此外，由于植物基因座的普查变得更加容易，而研究人员也发现了更多可用的基因座，因此有时只需要检索一下文献就可能找到适合当前案件的植物基因座。某种植物的基因座一旦普查完成，就可以进行DNA提取、PCR扩增、筛选和分析，最终达到基因分型的目的。除了基因座普查费用，每个样本的微卫星DNA分析通常也需要10～15美元。

随机/非特异性标记物

虽然微卫星基因座具有良好的种属特异性，但却需要相当大的前期投资来进行基因座普查，因此随机或非特异性标记物更适合于鉴定新的品种。然而，后一类方法也是存在一定问题的，那就是该类标记物的名字源于对扩增基因组中的随机或非特异性片段的信赖。对于某一物种的基因组，当调查了足够多的随机区域后，样本个体间是能区别开来的。但是，这种差异的基础往往是未知的，而且某些遗传学突变也可能造成等位基因的变化。所以，每种方法都有其优势和短板。

最常用的非特异性标记物主要有随机扩增多态性DNA（randomly amplified polymorphic DNA，RAPD）（Williams等，1990）、简单重复序列区间扩增（inter-simple sequence repeats，ISSRs）（Zietkiewicz等，1994）以及扩增片段长度多态性（amplified fragment length polymorphism，AFLPs）（Vos等，1995）等。然而上述这些标记物的可靠性是个大问题（Penner等，1993；Perez等，1998；Bagley等，2001），某些学术期刊如*Molecular Ecology and*

Conservation Genetics 都已不再发表 RAPD 或 AFLP 相关数据。尽管存在着这些问题，但上述几种标记物在法医植物学调查研究中仍有一定的价值，案件侦办人员需要考虑如何使用这些标记物检测得到的数据以及如何应对关于这类数据的质证。

由于使用 10 bp 左右的非特异性 DNA 片段和随机引物来进行扩增，因此 RAPD 法的可重复性可能是上述三种方法中最差的（Williams 等，1990）。该方法对植物证据样本的基因分型主要是通过在琼脂糖凝胶上电泳分离、片段筛选，最后检验样本各个条带的存在或缺失。突变导致的引物结合位点增加或丢失以及两个引物结合位点间的插入或删除，都会造成某个特定条带是否发生变异。与其他几种方法一样，RAPD 是一种显性遗传标记物，它无法区别出杂合子和显性纯合子，因此二倍体基因型的植物无论是条带存在/存在还是条带存在/缺失，都会显现为条带存在。该方法存在遗传学分析解释上的短板，因此需要研究更多的相关微卫星基因座来辅助。

ISSRs 法（Zietkiewicz 等，1994）主要依靠的是基因座中的高频率微卫星基因座以及包含引物的微卫星重复序列。重复的引物可以对两个微卫星基因座之间的区域进行扩增。该方法与微卫星 DNA 的区别是，后者主要研究的是侧翼区并调查微卫星基因座重复次数的改变。因此，鉴别个体差异的主要依据就是引物结合位点的增减和微卫星基因座之间的距离变化。与 RAPD 相类似，ISSRs 法也需要进行 DNA 提取、PCR 扩增、片段筛选，最后检验样本各个条带的存在或缺失这几个步骤。

AFLP 法（Vos 等，1995）是基于对限制性内切酶能够识别位点的基因组进行片段扩增。AFLP 法实验流程的第一步就是将 DNA 用两个能够识别基因组内特定 DNA 片段的限制性内切酶切割。这些能够被识别的位点通常只有 4～6 bp 长并且随机分布在基因组中。完成酶切后，这些限制性片段在连接酶的作用下与特定的接头相连接，变成可供后续使用的 PCR 引物。一般经过两个轮次的选择性 PCR，引物上添加的每一个或更多个任意碱基都会降低片段扩增的数量以保证其在可控数量范围内。与 RAPD 法和 ISSRs 法不同的是，前两者都能使用琼脂糖凝胶进行电泳，AFLP 法需要像微卫星 DNA 检测一样使用 DNA 测序仪。与 RAPD 相似的是，限制性位点的增减和两个限制性位点间的插入或删除是该方法鉴别个体差异的主要依据。由于 AFLP 法更多特定的内切酶以及更加严格的 PCR 运行条件，因此比 RAPD 法的可重复性更好。莫伊特与克拉克（Meudt 和 Clarke，2007）对近年来的 AFLP 法实践应用进行了综述，并总结了目前最佳的数据与分析流程。

既然上述三种方法都存在一定的可重复性问题，那为什么还要使用这些方法呢？那就是因为目前对于一组样本进行遗传学鉴别的众多方法中，这三种方法是技术流程最简单且效费比最高的。由于不需要前期普查基因座，因此每个样本平均只要10美元左右。通过认真细致的重复实验，这三种方法的可靠性问题都能得到有效的解决，例如只对重复实验组间可重复检验的片段进行电泳。然而需要注意的一点是，这三种方法虽然技术流程简单，但是缺点也很明显，就是多个不同物种的混合样本基因组扩增以后无法区分。例如，一片被真菌感染的叶子会同时扩增出植物和真菌的多种基因座，研究者在电泳仪或测序仪上无法区分二者的条带。由于在比对植物证据样本和疑似植物样本时主要比较的某些基因片段的有无，污染的检材出现的多余基因座就会导致得出错误的否定结果。

遗传学结果解读

当得出相关的检验分析数据后，可以使用多种方法来进行分析。在大多数情况下，在将样本与疑似植物样本间的条带完全匹配就可以认为是同一种植物。但是，对于这种统计学的匹配概率和偶然性匹配的排除率的计算仍然是不可或缺的。

匹配概率

在对所有的植物样本与疑似植物样本进行遗传学匹配的研究中，匹配概率的计算都是至关重要的。匹配概率的计算是基于每个基因座的等位基因频率的普查，其结果是每个基因分型与每个等位基因频率的乘积。不过这种计算方法是极度简化的模型并且忽略了种群结构和基因连锁不平衡的影响（Lewontin和Hartl，1991）。在许多文献中，处理这个问题的方法主要是基于大量的人类遗传学数据，而种群遗传学专家和分子生态学专家也参与解决了这些问题（Waits等，2001）。目前，市场上有许多能够辅助研究者进行正确计算匹配概率的专业软件包（Valiere，2002）。此外，GIMLET程序也含有一些能够协助检测等位基因丢失以及其他基因分型错误的算法（Valiere，2002）。然而，法医遗传学检测也不能完全依赖于单一的某种等位基因丢失检测方法，尤其是对于某些特别疑难的植物证据样本，其等位基因丢失的影响必须包含在匹配概率的计算中。

聚类分析与种群分配

虽然经典的法医学DNA检验分析方法是将植物证据样本与某个已知植物品种联系起来，但有时候并不尽然。在现实案件中，疑似的植物品种往往可能不止一两种。在这种情况下，聚类分析与种群分配方法可以提供可靠而有法医学价值的信息。聚类分析法是基于配对的遗传学距离的计算，因而样本可以通过遗传学相似性进行聚类。正如下文将介绍的苔藓的例子一样，聚类分析可以使研究者确认某个样本最大可能来源于某个特定的种群（Craft 等，2007）。近年来发展出的种群分配分析法与聚类分析法相类似，但比聚类分析更加先进的是能够从统计学角度分析某样本是否源于某个独立的、能先验假设种群结构的种群（Pritchard 等，2000；Gao 等，2007；Franҫois 和 Durand，2010）。采集自不同地点的植物样本可以与植物证据样本同时进行种群分配分析，从而确认证据样本最可能来自于哪个原产地。

联系 DNA 检验分析实验室

了解了植物证据样本是否能进行遗传学检验分析只是整个植物证据相关流程的第一步。在许多地区很难联系到专业的实验室来进行此类检验分析。法医遗传学实验室通常只检验分析人类组织样本，往往不愿意或不能分析植物证据样本。目前，（在美国）有寥寥数家商业性或研究性的实验室能够处理、分析非人类证据样本，其中有一部分处理过植物证据样本。另一条解决途径就是委托当地高校的相关实验室。许多高校科研人员比较愿意接受此类委托，只要有合理的报酬就能提供相关遗传学检验分析服务。但需要注意的是，在委托实验室处理植物证据样本时一定要写明委托项目，当有多个实验室接受委托时还要保证相关证据链流转程序合理合法。

案例研究

根据现有资料，美国首个使用了植物 DNA 证据的案件是在 1992 年。当时在亚利桑那州发生了一起谋杀案，警方在犯罪嫌疑人的皮卡上发现了一些蓝花假紫荆（也称岬豆树，Cercidium sp.）的豆荚（Yoon，1993）。RAPD 分析显示这些豆荚与尸体所在现场附近的一棵树的 DNA 完全匹配。除了尸体旁边的这棵蓝花假紫荆，还使用 RAPD 分析了命案现场附近的另外 11 棵以及远离现场的 18 棵同种植物，并最终确定是尸体旁的这一棵（Yoon，1993）。

在芬兰的一个案例中，植物学专家同时使用了 RAPD 和 ISSR 两种方法得出的数据，成功地将某凶杀案件相关的三个犯罪嫌疑人锁定（Korpelainen 和 Virtanen，2003）。目击证人称曾见到三个嫌疑人与被害人一起离开一家咖啡馆，之后被害人就被发现死亡了。警方在三个嫌疑人的鞋子、衣服和车辆上发现了许多苔藓样本。RAPD 和 ISSR 分析结果显示，虽然嫌疑人身上的苔藓样本与尸体附近的苔藓样本不完全吻合，但这两组样本均来自于同一种群。在嫌疑人相关的所有样本中，共计发现了三种不同的苔藓植物。植物学专家对其中两种进行了遗传学检验分析，第三种是进行有性繁殖的角齿藓（*Ceratodon purpureus*），因而很难进行检验分析。被害者尸体上的 3 个灰白青藓（*Brachythecium albicans*）和 7 个弯叶大湿原藓（*Calliergonella lindbergii*）补充样本以及采集自芬兰南部不同地区的 16 个灰白青藓和 7 个弯叶大湿原藓也进行了类似的检验分析。RAPD 和 ISSR 分析结果显示，案发现场与其他地区的样本间变异度非常大，且没有任何样本两两匹配。但是，三个嫌疑人身上的样本与尸体附近的样本是最接近的。

克拉夫特等（Craft 等，2007）结合一个现实案例对微卫星 DNA 的应用进行了全面地综述。在该案例是一起发生在佛罗里达州中部地区的双尸案，一位孕妇及其腹中的胎儿被罪犯残忍地杀害。她们的尸体位于一个浅滩上的墓穴内，墓穴上方有三株高大的砂栎树（*Quercus geminata*）。植物学专家对犯罪嫌疑人车辆上的两片干化植物叶子进行鉴定后认为就是砂栎树和另外一种近似的栎树。克拉夫特等尝试使用微卫星标记对嫌疑车辆上发现的叶子与埋尸现场的三棵栎树进行了比对。但正如前文所述，植物微卫星 DNA 研究最大的短板之一就是难以区分近缘种。克拉夫特等通过不断地尝试，最终将其他案件中使用过的大果栎（*Q. macrocarpa*）和无梗花栎（*Q. petraea*）基因座成功地扩增了出来，从而证实了微卫星 DNA 是可以跨种属应用的。克拉夫特等采集了埋尸现场 10 km 外 24 株砂栎树的样本并成功地通过微卫星基因座的基因分型来鉴别了每一棵树。在此基础上，每个基因座的等位基因频率都被计算出来，得到的匹配成功的平均概率是 2.06×10^{-6}（Craft 等，2007），这意味着每 50 万棵树中才有两棵树的基因分型可能一致。虽然这个结果并不是非常理想，但克拉夫特等没有再去尝试增加更多的基因座，因为仅凭现有结果已经可以将嫌疑树叶是来自于埋尸现场的可能性排除。尽管克拉夫特等成功地将嫌疑车辆上树叶的某些基因座进行了扩增，但并非所有的基因座都扩增成功，不过即使以当前已经扩增出的基因座已经能够排除嫌疑。该研究最终虽然没有能锁定真正的罪犯，但也为法医植物学实践中植物证据样本的遗传学检验分析提供了一种思路和工作模式。

最后需要提及的是，2000 年华盛顿州斯波坎县治安官办公室联系笔者参与了一起谋杀案的调查工作。笔者对尸体掩埋地点中采集到的美国皂荚（*Gleditsia triacanthos*）样本进行了检验，并与某嫌疑院落里的一个皂荚树进行了比对。我们的实验室当时仅有 AFLP 相关设备，因此使用了 AFLP 法对样本进行了检验分析。常见的无刺皂荚树常作为景观植物种植并且可以无性繁殖的方式播散，因此我们最后发现嫌疑人家所在地附近的所有皂荚树基因都是完全一样的。这个案例告诉我们，有时候某些植物证据样本是没有遗传学意义的。

小　结

植物遗传学检验分析在司法实践中仍然使用较少。不过，随着实验方法的革新和基因分型技术的发展，这类研究也越来越可靠。可以预期在未来几十年内，植物遗传学检验分析必定大放异彩。基于 DNA 条形码的植物种属鉴定将能够处理更多的无形态学或解剖学特征的系列样本，为法医植物学应用开启一个新的纪元。

参考文献

Bagley M J, Anderson S L, May B (2001). Choice of methodology for assessing genetic impacts of environmental stressors: polymorphism and reproducibility of RAPD and AFLP fingerprints. Ecotoxicology, 10 (4), 239 - 244.

Baskin D, Sommers I (2010). The influence of forensic evidence on the case outcomes of homicide incidents. Journal of Criminal Justice, 38 (6), 1141 - 1149.

Butler J M (2009). Fundamentals of Forensic DNA Typing. Academic Press, Burlington, MA. Butler J M, Schoske R, and Vallone P M (2003). Allele frequencies for 15 autosomal STR loci on US Caucasian, African American, and Hispanic populations. Journal of Forensic Sciences, 48, 908 - 911.

Cappellini E, Gilbert M T P, Geuna F, et al (2010). A multidisciplinary study of archaeological grape seeds. 7 (2) 205 - 217.

Cheng F S, Brown S K, Weeden N F (1997). A DNA extraction protocol from various tissues in woody species. HortScience, 32 (5), 921 - 922.

Coyle H M (2008). Nonhuman DNA typing: theory and casework applications. CRC Press, Boca Raton, FL.

Coyle H M, Ladd C, Palmbach T, et al (2001). The green revolution: botanical contributions to forensics and drug enforcement. Croatian Medical Journal, 42 (3), 340 - 345.

Coyle H M, Palmbach T, Juliano N, et al (2003). An overview of DNA methods for the identification and individualization of marijuana. Croatian Medical Journal, 44 (3), 315 - 321.

Craft K J, Owens J D, Ashley M V (2007). Application of plant DNA markers in forensic botany: Genetic comparison of Quercus evidence leaves to crime scene trees using microsatellites. Forensic Science International, 165 (1), 64－70.

Cullings K W (1992). Design and testing of a plant-specific PCR primer for ecological and evolutionary studies. Molecular Ecology, 1 (4), 233－240.

Doyle J J, Doyle J L (1987). A rapid DNA isolation procedure for small quantities of fresh leaf tissue. Phytochemistry Bulletin, 19, 11－15.

Dunning L T, Savolainen V (2010). Broad－scale amplification of matK for DNA barcoding plants, a technical note. Botanical Journal of the Linnean Society, 164 (1), 1－9.

Finkeldey R, Leinemann L, Gailing O (2009). Molecular genetic tools to infer the origin of forest plants and wood. Applied Microbiology and Biotechnology, 85 (5), 1251－1258.

Francois O, Durand E (2010). Spatially explicit Bayesian clustering models in population, genetics. Molecular Ecology Resources, 10 (5), 773－784.

Gao H, Williamson S, Bustamante C D (2007). A Markov chain Monte Carlo approach for joint inference of population structure and inbreeding rates from multilocus genotype data. Genetics, 176 (3), 1635－1651.

Gressel J, Ehrlich G (2002). Universal inheritable barcodes for identifying organisms. Trends in Plant Science, 7 (12), 542－544.

Hamrick J L , Godt M J W (1996). Effects of life history traits on genetic diversity in plant species. Philosophical Transactions of the Royal Society of London Series B: Biological Sciences, 351, 1291－1298.

Jobling M A, Gill P (2004). Encoded evidence: DNA in forensic analysis. Nature Reviews Genetics, 5 (10), 739－751.

Korpelainen H, Virtanen V (2003). DNA fingerprinting of mosses. Journal of Forensic Sciences, 48 (4), 804－807.

Kress W J, Wurdack K J, Zimmer E A, et al (2005). Use of DNA barcodes to identify flowering plants. Proceedings of the National Academy of Sciences of the United States of America, 102 (23), 8369－8374.

Kress W J, Erickson D L, Jones F A, et al (2009). Plant DNA barcodes and a community phylogeny of a tropical forest dynamics plot in Panama. Proceedings of the National Academy of Sciences, 106 (44), 18621－18626.

Kumar A, Pushpangadan P, Mehrotra S (2003). Extraction of high-molecular-weight dna from dry root tissue of Berberis lycium suitable for RAPD. Plant Molecular Biology Reporter, 21 (September), 309a－309d.

Lewontin R, Hartl D (1991). Population genetics in forensic DNA typing. Science, 254 (5039), 1745－1750.

Li Y, Korol A B, Fahima T, et al (2002). Microsatellites: genomic distribution, putative functions and mutational mechanisms: a review. Molecular Ecology, 11 (12), 2453－

2465.

Manel S, Berthier P, Luikart G (2002). Detecting wildlife poaching: identifying the origin of individuals with Bayesian assignment tests and multilocus genotypes. Conservation Biology, 16, 650-659.

Manel S, Gaggiotti O E, Waples R S (2005). Assignment methods: matching biological questions with appropriate techniques. Trends in Ecology and Evolution, 20, 136-142.

Meudt H M , Clarke A C (2007). Almost forgotten or latest practice? AFLP applications, analyses and advances. Trends in Plant Science, 12 (3), 106-117.

Penner G A, Bush A, Wise R (1993). Reproducibility of random amplified polymorphic DNA (RAPD) analysis among laboratories. Genome Research, 2 (4), 341-345.

Perez T, Albornoz J, Dominguez A (1998). An evaluation of RAPD fragment reproducibility and nature. Molecular Ecology, 7 (10), 1347-1357.

Petit R J, Vendramin G G (2007). Plant phylogeography based on organelle genes: an introduction. In: Weiss, S. and Ferrand, N. (eds), Phylogeography of southern European refugia: evolutionary perspectives on the origins and conservation of European biodiversity. Springer, Berlin, 23-97.

Porebski S, Bailey L G, Baum B R (1997). Modification of a CTAB DNA extraction protocol for plants containing high polysaccharide and polyphenol components. Plant Molecular Biology Reporter, 15 (1), 8-15.

Pritchard J K, Stephens M, Donnelly P (2000). Inference of Population Structure Using Multilocus Genotype Data. Genetics, 155 (2), 945-959.

Richard G F, Kerrest A, Dujon B (2008). Comparative genomics and molecular dynamics of DNA repeats in eukaryotes. Microbiology and Molecular Biology Reviews, 72 (4), 686-727.

Rogers S O, Bendich A J (1985). Extraction of DNA from milligram amounts of fresh, herbarium and mummified plant tissues. Plant Molecular Biology, 5 (2), 69-76.

Roy S, Tyagi A, Shukla V (2010). Universal plant DNA barcode loci may not work in complex groups: a case study with Indian berberis species. In: Joly, S. (ed.) PLoS ONE, 5 (10), e13674.

Rubinoff D, Cameron S, Will K (2006). Are plant DNA barcodes a search for the Holy Grail. Trends in Ecology and Evolution, 21 (1), 1-2.

Savolainen V, Cu enoud P, Spichiger R (1995). The use of herbarium specimens in DNA phylogenetics: Evaluation and improvement. Plant Systematics and Evolution, 197 (1—4), 87-98.

Soltis P S, Soltis D E, Smiley C J (1992). AnrbcL sequence from a Miocene Taxodium (bald cypress). Proceedings of the National Academy of Sciences, 89 (1), 449-451.

Valentini A, Pompanon F, Taberlet P (2009). DNA barcoding for ecologists. Trends in Ecology and Evolution, 24 (2), 110 - 117.

Vali ere N (2002). GIMLET: a computer program for analysing genetic individual identification data. Molecular Ecology Notes, 2 (3), 377 - 379.

Vos P, Hogers R, Bleeker M, et al (1995). AFLP: a new technique for DNA fingerprinting. Nucleic Acids Research, 23 (21), 4407 - 4414.

Waits L P, Luikart G, Taberlet P (2001). Estimating the probability of identity among genotypes in natural populations: cautions and guidelines. Molecular Ecology, 10 (1), 249 - 256.

Walters C, Reiley A A, Reeves P A, et al (2006). The utility of aged seeds in DNA banks. Seed Science Research, 16 (03), 169 - 178.

Williams J G K, Kubelik A, Livak K, et al (1990). DNA polymorphisms amplified by arbitrary primers are useful as genetic markers. Nucleic Acids Research, 18 (22), 6531 - 6535.

Yoon C K (1993). Forensic science. Botanical witness for the prosecution. Science, 260 (5110), 894 - 895.

Zietkiewicz E, Rafalski A, Labuda D (1994). Genome fingerprinting by simple sequence repeat (SSR) - anchored polymerase chain reaction amplification. Genomics, 20 (2), 176 - 183.

第六章 法医显微镜入门

克里斯托弗·R. 哈迪 博士

显微镜以及与法医植物学相关的显微植物结构

由于许多证据在天然状态下就是微小的或呈碎片状的，需要通过观察其微观特征来确定阳性结果，因此显微镜成为了几乎所有法庭科学实验室的标配设备。然而在植物学研究所使用的众多类型的显微镜里，只有很小的一部分可以用于法庭科学实践。下文中提到的显微镜是一个比较宽泛的概念，任何在法医植物学中常用的各种具有放大作用的设备都被归于此类。

便携式放大镜

便携式放大镜是最简单、最基本、最便宜同时也是使用最为广泛的“显微镜”（图 6.1）。便携式放大镜通常很小巧，可以单手持握，大多为单视野放大，放大倍率一般在 3×到 20×之间。便携式放大镜通常为固定的凸面镜片，虽然植物学专家一般会选用 10×的标准放大镜，但有时也会用到 15×和 20×。虽然大部分的便携式放大镜的放大倍率是固定不变的，但有些特殊的放大镜带有两到三个不同放大倍率的镜片。与我们熟悉的图书馆员或书籍读者常使用的有柄放大镜不同的是，便携式放大镜没有手柄。珠宝商常常使用便携式放大镜检验钻石和各类宝石的质量与成色，地理学专家常用它来检视矿物、宝石原矿以及岩样等，而植物学专家则大多用它来观察微小的植物组织、绒毛或花朵、叶子、茎干、根部或其他组织的微小表面结构特征。实际上，使用便携式放大镜不可能观察到真正的微观结构，但刑侦人员可以用它来检视潜在的一些物证，例如衣物上的一些微小物品，以确认其是否为植物证据。当然，对于有一定经验的人员，也可以直接鉴定植物种属或是该碎片属于现场中其他某个证据的一部分。

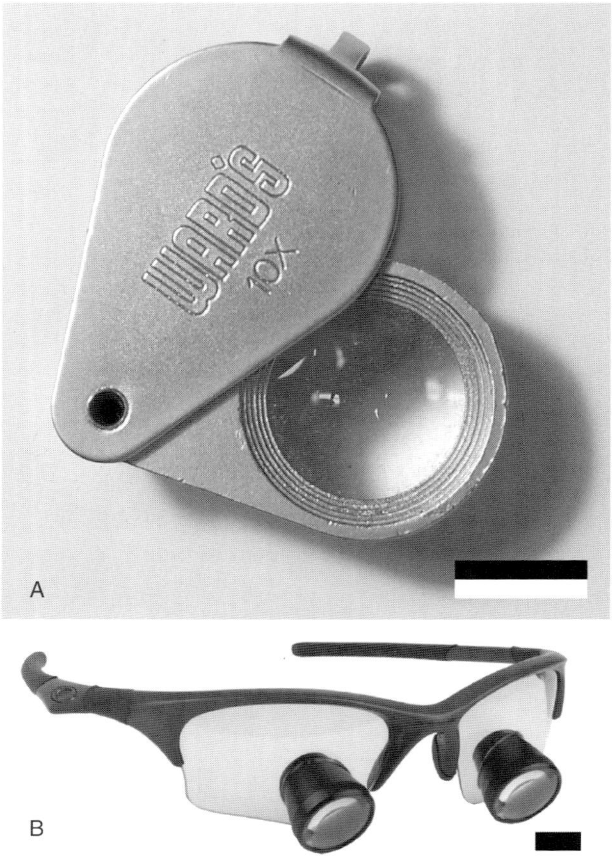

图 6.1 便携式放大镜与图 A 中描述的相似，是最简单、最基本、最便宜，但同时也是法医植物学领域使用最为广泛的“显微镜”。B 图所示的无柄放大镜直接可以黏附在眼镜上。这种便携式放大镜要贵得多，但受到很多验尸官或其他一些需要低倍放大视野下进行精细操作人员的青睐。图中的比例尺＝1 cm（B 图为 SurgiTel-Micro 250 型珠宝放大镜，本照片由美国密歇根州 Surgi Tel® 公司的丹尼尔·R. 哈迪与安·阿伯提供）

便携式放大镜比其他具有放大功能的工具应用更加广泛的原因主要是其成本极低，通常只要 5～30 美元一副，并且十分便携，因此能够在没有任何准备的现场中作为专业显微镜的临时替代品使用。此外，这种放大镜在市面上到处都能买到，例如大学书店、宝石店、首饰店以及博物馆纪念品商店，或者直接从网店购买。

体视显微镜/立体显微镜

体视显微镜虽然外观上与普通光学显微镜很相似，但实际上是由两个呈一定角度但聚焦在同一点上的显微镜组合而成的，因此能够观察到物体的三维立体图像（图 6.2）。这种显微镜主要用于观察宏观层面的微小物体，如种子、叶子残片、纤维样本的相关细节，并检验其上是否存在微小的微量物证，如微绒毛、纤维、花粉、细丝或大型藻类（图 6.3，6.4）。

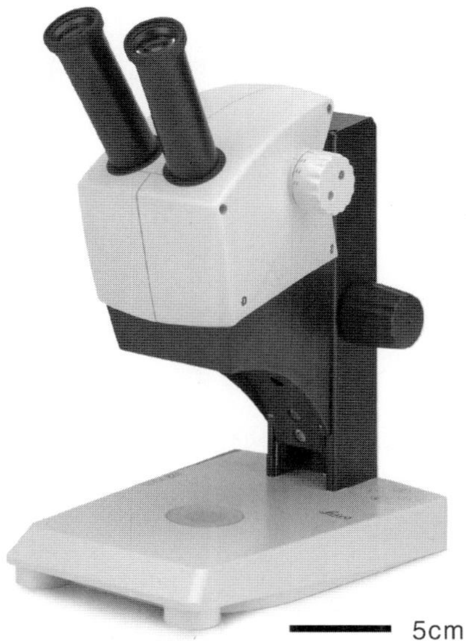

图 6.2 体视显微镜也称为立体显微镜，可用于观察植物叶子、果实或种子表面的微观形态或微小细节，或是检验植物性微量物证。Leica EZ4 是一种教学用体视显微镜〔本照片由美国伊利诺伊州班诺克本市徕卡显微系统有限公司（Leica Microsystems，Inc.）提供〕

图 6.3 体视显微镜主要用于观察宏观层面的微小物体，如种子、果实和花朵等的相关细节。A 和 B 图中的比例尺＝5 mm，C 和 D 图中的比例尺＝1 mm。图 A、B：某些小型果实或牛蒡草（*Arctium minus*）一类利于扩散的结构表面带有一些细小的倒钩或倒刺，常常会钩挂在路过的人衣裤上被带离犯罪现场。图 C：小型花朵，例如柳枝稷（*Panicum virgatum*）一类的植物，常常会从茎干上脱落并黏附在鞋底花纹或裤脚上。图 D：小型的植物种子也能黏附在鞋底花纹、裤脚或轮胎花纹上，有时还能从事故遇难者或凶杀案被害人的胃内容物中发现，从而证实死者最后一餐吃的食物种类。图示为可食用的美洲葡萄（*Vitis labrusca*，左），与五叶地锦（*Parthenocissus quinquefolia*，中）以及加拿大蝙蝠葛（*Menispermum canadense*，右）的果实极为相似，但后两者有一定的毒性（本组照片由丹尼尔·J. 约德提供）

图 6.4　各种植物的叶片上都有其独特的绒毛或毛状体，可以使用体视显微镜来观察这些细微的结构。图 A 与 C 中比例尺＝1 cm，图 B 与 D 中比例尺＝100 μm。以皱叶荚蒾 *Viburnum rhytidophyllum* 的叶子（图 A）为例，其表面有与众不同的星形毛状体（图 B），并且非常容易被路人的衣物蹭掉（图 C）。使用体视显微镜对 C 图中的毛衣上的黄色粉尘进行检验，可以发现在棉纤维中夹杂着一模一样的星形毛状体（图 D）（照片细节请参阅彩页部分）

体视显微镜通常为使用者提供一定范围的放大倍数，大部分的体视显微镜可放大（7～40）×，某些高端的型号甚至能放大到（60～100）×。景深是各种显微镜以及照相机的重要技术参数，景深较大的显微镜能够在不破坏图像清晰度的情况下看到更多平面上的微观结构。所有显微镜的镜片只能精确地聚焦在某一固定距离，即其焦平面，对焦在焦平面以上或以下都会导致图像清晰度下降。通常情况下，低倍镜片的景深要比高倍镜片更大，例如观察一朵花，在 40×放大倍数下我们仅能聚焦到花的一部分，而在 10×放大倍数下我们能看清整朵花。要想看到当前景深以外部分的清晰结构，就得调节准焦螺旋。

与下文中介绍的复式显微镜不同的是，在体视显微镜下观察到的图像是正像，其光源也往往来自上方，在观察标本前无需做其他特殊处理。体视显微镜是法医植物学中使用得最多的一种显微镜，同时也是各个法庭科学实验室不可或缺的一种光学设备。除了能观察植物相关的细微形态，体视显微镜还常用于各个警方实验室和法医学实验室。能够用于法医植物学检验分析的最低端体视显微镜大约几百美元就能买到，例如各个高中和大学使用的教学显微镜，而比较高端的体视显微镜则需要数千美元。

复式显微镜

复式显微镜（图 6.5）是一种比体视显微镜放大倍数更高的显微镜，其光源通常是从底部照射，穿过贴附在玻璃显微镜玻片上的超薄样本（图 6.6）后投影在多个显微镜镜片组成的阵列上，最后投射到人眼成像，因此被称为复式显微镜。复式显微镜的镜片有物镜和目镜两种，其组合在一起成像，放大倍率一般可从 40×到 600×甚至 1000×。例如，使用 40×的物镜加上 10×的目镜来观察样本，其放大倍率就是 400×。和体视显微镜一样，低倍镜片的景深要比高倍镜片更大，要想看到当前景深以外部分的清晰结构，就得调节准焦螺旋。

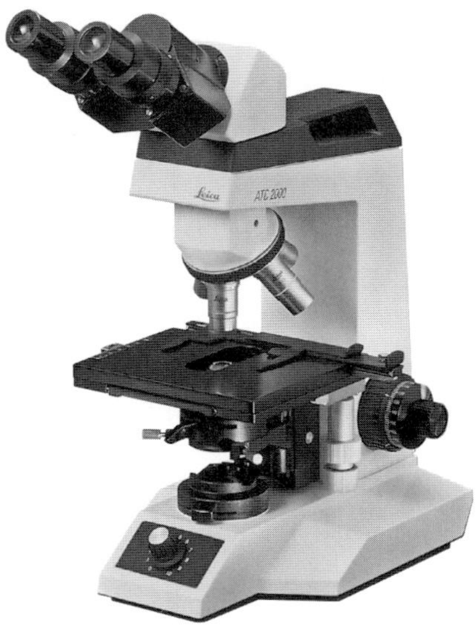

图 6.5 复式显微镜常用于检验植物纤维或植物组织细胞的显微结构，其原理是通过可见光照射标本产生投影。图示为 Leica ATC-2000 教学级显微镜〔本照片由美国伊利诺伊州班诺克本市徕卡显微系统有限公司（Leica Microsystems，Inc.）提供。照片细节请参阅彩页部分〕

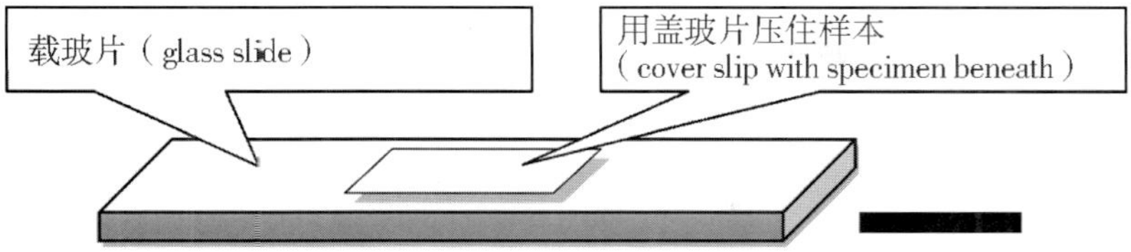

图 6.6　玻璃显微镜玻片图解，标本贴附在载玻片上，其上加盖有盖玻片，图中的比例尺＝1 cm

使用复式显微镜来观察各种标本，如藻类、花粉、孢子等（图 6.7A～D），通常首先需要将标本漂洗、切片（图 6.7E～G）、捞片，最后染色制成足够薄的显微镜玻片，在可见光照射下观察。复式显微镜通常用于法医病理学和法医植物学检验，但并不是警方实验室的标配设备。能够用于法医植物学检验分析的最低端复式显微镜大约 1000 美元能买到，例如教学级普通光学显微镜，而比较高端的复式显微镜需要数千美元。

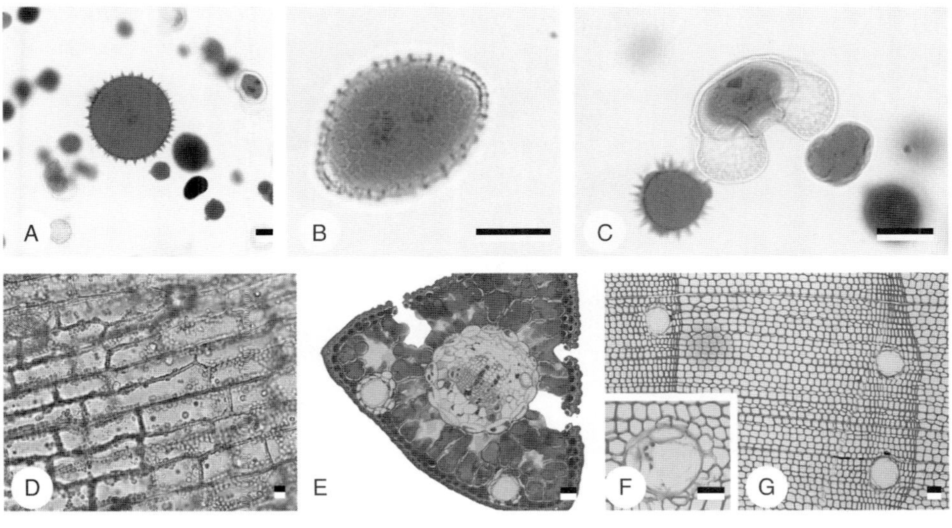

图 6.7　图示复式显微镜能观察的一些标本类型。A～C 图中的比例尺＝10 μm，D～G 图中的比例尺＝50 μm。A～C：使用不同染色方法染色的多种谷物花粉；D：淡水中常见的伊乐藻叶片涂片；E：番红精与星蓝染色的松针横切面；F 与 G：松树干横截面，可见针叶类植物特有的树脂道（照片细节请参阅彩页部分）

扫描电子显微镜

扫描电子显微镜（scanning electron microscope，SEM）（图 6.8）是采用电子束而不是可见光来扫描样品。在扫描样品时，标本需要先放置在密封舱内，再使用高能电子束在特定的光栅扫描模式下扫描标本的表面。高能电子束从视野左缘缓慢扫描到视野右缘，然后暂停扫描并将电子枪下移一行，最后快速返回到左缘开始向右再次扫描，这种扫描方式就叫做光栅扫描。电子枪发射出的高能电子束轰击扫描样品表面时，被激发的区域将产生二次电子。这些二次电子被 SEM 的探测头检测到以后，就会将样品表面的形状信息通过电信号转化为可见的数字化图像（图 6.9）。单位面积的电子扫描的分辨率比光子更高，因此与普通光学显微镜相比，扫描电子显微镜能解析出更细微的结构。因此，SEM 拥有所有显微镜中最高的放大倍率，可以从最小的 30×一直到 40 000×甚至更高。

图 6.8　与其他类型的显微镜相比，扫描电子显微镜的体积相当的大。图示为 Amray 1820 型扫描电子显微镜（产地：美国马萨诸塞州贝德福德）

图 6.9　扫描电子显微镜下，可见墨西哥紫露草（*Tinantia pringlei*）的花朵（图 A）上的独特黄色毛状体/绒毛（图 B）形态学细节。A 图中的比例尺＝5 mm，B 图中的比例尺＝10 μm

传统的扫描电子显微镜观察样品通常都很微小，最大的也只有高 5～10 mm，宽 5～15 mm。普通的扫描电子显微镜样品仓处于高度真空的密封环境下，因此样品必须非常干燥，以免高能电子束照射时水分突然蒸发而变形。对于那些新鲜的植物组织如绿叶的残片或花瓣，通常需要先将样品浸泡在酒精或丙酮溶液中，再放到临界点干燥器中进行脱水处理，以避免产生褶皱和变形。当样品完全干燥后，要将样品用导电胶黏附在铝制 SEM 样品台上。随后，样品表面还要用离子溅射镀膜仪喷涂一层薄的导电金属如黄金或金－钯的薄膜，最后才能将样品台置入扫描电子显微镜样品仓的插槽内，开始进行扫描。导电薄膜和样品台基座会防止样品被电子书照射时产生充电效应，如果充电效应过强有可能会干扰成像甚至烧毁样品。非传统的扫描电子显微镜被称为环境扫描电子显微镜（environmental SEM，eSEM），这种显微镜可以在低真空的环境下工作，样品可以不用预先进行干燥处理。此外，环境扫描电子显微镜样品仓中的气体还有助于降低样品的充电效应，因此不用事先在样品表面喷涂导电金属。

综上所述，扫描电子显微镜对样品的要求比普通光学显微镜要高，往往需要先对样本进行前处理。扫描电子显微镜显然也比普通光学显微镜贵得多，一般售价可达数万到十几万美元一台。不过，即使扫描电子显微镜在某些时候是其他设备无可替代的，但与常规的体视显微镜和复式显微镜相比，它能为法医植物学专家提供关键信息的情况不多。因此，警方实验室和法医室不一定要配备扫描电子显微镜，因为其购置费用很可能会超过办案经费。在有需要的情况下，可以找那些拥有扫描电子显微镜的单位进行委托。

法医植物学参考样本收集的重要性

绝大部分的微量植物证据是不完整的，这一点对于那些自信能够鉴定出微量植物证据样本的植物学专家而言无疑是一项巨大的挑战，因为植物学专家通常接受的专业教育和训练都是基于完整的植物器官【译者按：如叶子、花朵或果实】甚至是完整的植株。即使是专业的植物分类学检索表也往往是建立在综合了完整的花朵、叶子等器官的基础上，没有这些完整的器官组织，检索表就毫无效率可言。因此，当遇到了只有枯死的树叶残片时，一个只会根据当地植物叶子形状或花朵形态来鉴定植物种属的法医植物学专家该如何处理这种残碎的植物证据？遇到这种情况，一个有经验的法医植物学专家通常会先根据植物残片上的毛状体、叶脉或其他一些表面结构特征来暂定一个大类，然后将这些植物残片与参考样本中近似的植物样本进行一一比对。

当犯罪现场被发现后，最重要的参考性采样就是从现场中采集参考样本【译者按：即上一章提到的补充样本】。在理想情况下，植物都是以原始状态被采集下来并使用植物标本夹或其他合适的容器来保存的，而样本也带有种属鉴定所需的所有信息。随后那些残碎的微量植物证据能够通过和参考样本一一比对来寻找可能的匹配，并最终完成大多种属鉴定的目的。

对于法医植物学专家来说，仅次于参考样本采集的就是干化植物标本。干化植物标本是一种以干化的植物作为存档文件一样保存的形式，它们绝大多数被保存在各个大学和自然历史博物馆中。这些标本并非采集自犯罪现场——大多数的干化植物标本是由学生和相关机构的研究者在各自的科研项目或班级活动中遇到后采集的，通过长年累月地积累与归档，就成为了植物标本库。一个理想的干化植物标本应当包括该植物种属鉴定的所有鉴定要点，如幼芽、花朵、果实等，并在旁边的标签上注明鉴定种属名称、采集者、采集地点和采集时间。小型高校的干化植物标本库可能只有几千个样本，并且主要集中于当地的或地区性植被，而大型机构如纽约植物园、密苏里植物园以及英国皇家植物园（邱园）则拥有采集自全球各地的数百万份样本。借助干化植物标本，植物学专家可以确认那些尝试性鉴定的微量植物证据检材甚至是不知名参考样本的种属。除此以外，干化植物标本库往往会保存有同一植物品种的不同样本以及近缘品种样本，因此植物学专家能够据此确认一些不在同等生长阶段的植物证据样本种属，从而在总结报告中提高鉴定结果的可靠性。

某些专门研究硅藻、花粉等微观植物证据的专家常常会有与众不同的参考样本库，例如显微镜玻片、彩色图谱等。借助这些玻片或图片，植物学专家能对难以采集制作干化植物标本的大型乔木进行完美地分类鉴定。如果某个案件中现场采集到的微量植物证据是微观植物组织，如硅藻或花粉，且这些微量物证没有破碎，那么植物学专家就能结合显微镜玻片或彩色图谱，根据这些细胞或花粉形态学差异来鉴定种属。

显微镜检验前植物证据的处理与记录

显微镜检验分析前植物证据的处理与记录取决于所使用的显微镜类型。因此，本节将为读者逐一介绍前几节中提到的各种显微镜的基本使用方法。证据链相关内容已经在其他章节有详细介绍，本节不会再重复强调，仅介绍各种显微镜检验分析的流程。至于后续章节将要详细介绍的藻类、花粉和孢子检验分析，本节也不做过多赘述。再次需要注意的是，人为因素对样本在显微镜下检验分析的影响。那些采集自犯罪现场的微量植物证据往往状态不佳，例如采集后逐渐枯萎，植物体表面出现大量褶皱或变形。由于样本皱缩变形，这种人为造成的干化会使后续样本间的比对更加困难。因此，为了便于样本间的比对，法医植物学专家往往会把那些比较新鲜的补充样本也进行干化处理，这样就能得到与现场采集的证据样本相似的褶皱与变形。

便携式放大镜与体视显微镜观察

使用便携式放大镜和体视显微镜来检验分析的样本无需提前进行特殊处理。已经干燥的样本只需检验分析、记录、绘图或拍照，然后就可以放回证据封存袋中了。绿叶、鲜花或有大量果肉的果实等新鲜的样本在检验分析时一定要同时记录其形态特点，并绘图、拍照，否则随着时间的推移这些样本也会腐坏。为了保存这些新鲜湿润样本的鉴定要点，也可以选择使用保存液如福尔马林或 FAA 溶液（福尔马林：醋酸：50％乙醇，1：18 v/v，Johansen，1940），虽然这两者都会造成样本脱色，但至少能保存样本的三维形状和外部结构特点，尤其是 FAA 溶液还能保存这些植物样本的内部细胞结构。这种保存方式的优点在于被质证时能够方便地进行复检，还可以用来做法庭展示，这显然比单纯的照片更有说服力。

复式显微镜观察

使用复式显微镜来检验分析的样本需要进行一些前处理工作。首先，样本必须非常薄，这样光线才能穿过样本射入目镜；其次还要足够小，这样才能贴附在载玻片上。微小的生物与组织如藻类、孢子、花粉和纤维等本来就非常薄、非常小的检材可以直接放在载玻片上观察。对于混合在某些液体中的生物可以用移液管吸取一到两滴涂抹在载玻片上，并加盖一张盖玻片制成涂片。这种涂片可以使用相机拍照记录，待其完全干化后再进行后续处理并存档（Johansen，1940）。

有些水生植物的器官如叶片本来就很薄，因此可以直接切成小块后铺在载玻片上观察（图 6.7D）。不过，大部分的植物证据样本还是需要先进行切片后才能使用复式显微镜进行检验分析（图 6.7E～G）。使用剃须刀片可以徒手对新鲜或含水量丰富的组织进行切片处理。要想获得更好的植物器官解剖学观察效果，就必须使用专门的石蜡切片机。要使用石蜡切片机来切片，植物检材必须首先浸泡在 FAA 一类的保存液中一段时间，然后用梯度酒精和二甲苯逐步脱水，最后用液体石蜡包埋（Johansen，1940；Hardy 和 Stevenson，2000）。待石蜡凝固后，将蜡块固定到石蜡切片机的标本座上就可以开始切片。将切片贴附在载玻片上后还要对切片进行染色，这样才能区分各种不同的组织细胞结构（Johansen，1940）。

扫描电子显微镜观察

使用扫描电子显微镜观察来检验分析的样本通常也需要进行一些前处理工作。已经干化的样本可以直接黏附在样品座上，未干化的样本就需要先使用临界点干燥器进行脱水处理。对于微小样本，可以直接使用导电双面胶来固定，而稍大的样本则需要使用导电胶水。此时需要注意的是一定要确认样本的哪个面是需要观察的，因为胶水会对粘贴面造成永久性损伤，导致粘贴面失去观察价值。对于新鲜的样本而言，为了防止其表面因为自然干燥脱水而形成褶皱或变形，就必须使用临界点干燥法（critical point drying，CPD）。在进行临界点干燥法之前，样本必须先使用 FAA 一类保存液进行固定，然后用梯度酒精脱水，最后使用丙酮来过滤。完成以上程序后，才能将样本放置到临界点干燥器中处理。对样本进行过临界点干燥法处理后，还需要向样本表面喷涂一层导电金属如黄金或金 - 钯薄膜。至此，这个样本才能放置到扫描电子显微镜的样品仓中检验分析。

参考文献

Hardy C R，Stevenson D W（2000）. Development of the flower，gametophytes，and floral vasculature in Cochliostema odoratissimum (Commelinaceae). Botanical Journal of the Linnean Society, 134 (1), 131 - 157.

Johansen D A (1940). Plant Microtechnique. McGraw-Hill, New York.

第七章　植物解剖学

戴维·W. 霍尔　博士，威廉·斯特恩　博士

概　述

植物由根、茎、枝、叶和花等不同的结构所组成，而这些结构又都是由各种类型的细胞所构成，因此一棵树的茎上所拥有的细胞类型显然就比睡莲要多很多。植物解剖学可以为刑侦人员提供重要的法庭证据。植物解剖学家往往可以通过某种特殊的细胞来确定某个细胞属于哪一植物的哪个部分，而在法庭科学领域植物解剖学更常用于确定植物残片的种属。世界上有几十万种不同的植物，因此对于植物解剖学专家而言，未知名的植物碎片也是非常难以鉴定的。近缘的植物其组织和细胞结构也非常相似。即使鉴定那些已知大类别的植物残片例如柏树，不同地区、大陆乃至多个大陆板块可能会分布有多种不同类型的柏树。如果能将植物残片鉴定为柏树科的某一具体种（species），那么就能够确认某个嫌疑人或嫌疑车辆是否到过某个特定的犯罪现场。即使没能鉴定到种一级，植物解剖学同样能提供该大类植物的生长环境相关信息。

近缘物种有时仅仅只有一两个关键的特征不同，而现场采集到的植物证据很可能没带有这些特征。如果一个对种属鉴定具有至关重要意义的解剖学特征不存在，那么这个植物证据样本就无法确定种属，但仍然有一定的应用价值。在没有更多植物解剖学特征的情况下，可以仅仅鉴定到属、科、目、纲、门，甚至仅仅确定是木本植物还是草本植物。根据植物证据样本所属的大类，可以将其和某种生态地理环境相结合，从而联系到某个犯罪现场或犯罪嫌疑人。此外，当关键性的解剖学特征缺失时，新的 DNA 技术可以提供一条植物种属鉴定的替代方法。

在植物的生长过程中，不同的细胞和组织的生长发育时间存在一定的差异。即使是很小的幼苗，某种特定的细胞或组织的存在也可以提示该植物已经达到某个特定的发育阶段。有时，根据这种时间相关性还可以推算出该植物的年龄。

木本植物可以用来帮助推断相关的死亡时间。木本植物通常为多年生的，每生长一年，其茎、树枝和根部都会变得更粗。木本植物的茎、树枝和根部中央的组织称为木质部，该部分能够将水分和矿物质从根部运输到植物的其他部位。在木本植物的生长过程中，外层细胞（形成层）活跃生长，而内层细胞（木质部）主要用于增加强度，因此变得不活跃。内层细胞产生大量木质素（lignin）来进一步增加强度，并为整个植物结构提供主要支撑。许多木本植物早春时节生长非常迅速，到了夏季则逐渐放缓，到了寒冷的季节就基本停止生长。当植物生长迅速的时候，就会产生非常大的细胞以便于水分运输，而随着增长的放缓，运输水分的细胞也开始逐渐变小，到寒冷的季节时会变得非常小。因此，在木材的横截面上春季生长出的大细胞和冬季生长出的小细胞对比就非常明显。木本植物的横截面是圆形的，上述的季节性差异生长就形成了轮状。在温和的气候条件下生长的木本植物，其生长轮数量等于植物生长的年限，故俗称"年轮"。如果一棵木本植物穿过了某具骨骸或坟墓，那么一定是经过了许多年的生长。不过，如果没有达到合适的生长条件，植物很可能不会发芽。因此，上述坟墓或骨骸掩埋的时间可能比植物年轮提示的时间更长。

即使是在气候温和的年份，也并非所有的木本植物都会产生年轮。某些生长在亚热带或热带地区的植物，由于一年四季不甚分明，因此也可能不产生年轮。不过，某些热带地区有雨季和旱季之分，这些地区的木本植物也能够产生年轮。

不规律的温带气候有时可能生成假年轮（false rings）。极其干旱期年份和霜降后突然回暖可能会造成这种现象。此外，某些植物正常情况下也会产生不规则的年轮。对于这类现象，只能由专门研究年轮的树木年代学专家来解释。

树木的年轮也可以用于树木损伤时间的推断。树木所受的损伤通常源自于车辆碰撞、子弹射进树干，也可能是尸体、泥土或其他物品被放置在树木的根部旁边或树枝上。如果发生损伤的时间非常近，有时可以根据树汁的漏出速率或树汁的漏出数量来确定相关事件的发生时间。如果需要根据树汁漏出的规律来推断事件发生的时间，那么应该尽快邀请相关植物学专家到现场来。专家到现场后可能需要利用附近的相同植物进行实验，但如果耗费的时间太长就失去了意义。如果事件的发生时间与树木的年轮相关，则可以通过数年轮的方式来估算一个大致的时间。

如果木材曾经作为武器使用过，那么植物解剖学专家可以通过现场中的大型植物碎片或微小残片来识别其物种。有时植物解剖学专家还可以通过匹配植物碎片的断裂端区域特征来确认某个致伤工具。如果使用了电锯或手锯来锯断木材，那么锯末可能会残留在锯齿上，这些锯末也可以用于植物证据的匹配。

在砍伐树木有关的邻里纠纷或为了确定某个比较珍贵的树木是否为嫌疑人砍伐，锯齿上残留的锯末是至关重要的植物证据。在某些性侵害案件中，被害人的阴道或肛门中如果检出有植物细胞成分，也可以间接证明某些木制物品可能用于性侵活动。如果在一个案件中检出的植物细胞非常少，则提示植物在该案件中可能只是偶然出现而非武器上脱落。

某些木材具有极其重要的价值并且法律规定严禁采伐。非法盗伐的原木或成型的木材有时能够与原树桩相匹配。非法采伐珍稀树木常常发生在外人容易进入而土地所有者很少管理的地区，例如一些大型的国有土地、环境保护区和私有林区等。稀有的木材在任何地方都是容易被盗伐的，因为采伐的经济利益非常大。全球许多国家都禁止贩卖一些稀有的植物或木材。对这些被盗伐的木材的鉴定是相当重要的，只有鉴定出了种属才能够根据木材生长特征来推断近似的盗伐时间。有些树可能是在受到法规保护以前被砍伐的。通过对木材年轮的比对，可以确定它被砍伐的年份以及是否能和某个树桩相匹配。这种技术也可以用来检测木制家具或艺术品是否是伪造的，尤其是那些昂贵木料制成的家具上不可见的部分往往会用便宜木料来偷梁换柱。同样，如果木制家具或艺术品或家具是某一个特定年代的造型，而木料却不是当时的，则证明该物品是伪造的赝品。

用于植物解剖学分析的样本，在犯罪现场中采集与本书第三章中介绍的方法是一致的。与其他植物证据的采集原则一样，如果某个/某些植物证据需要进行植物解剖学检验分析，那么应尽快联系相关专家。如果需要特殊的技术来采集某些植物证据，那么必须由法医植物学专家来指导，并且要复勘那些专家抵达前已被处理过的现场。

林德伯格案

木材的种属鉴定能为某些法律方面的问题提供相关证据，其根本在于刑侦人员对于木材结构的了解及其与问题焦点植物间的联系。举例而言，种子植物的主要特征就是与繁殖相关的器官组织如花朵、果实以及球果等，而不是它们的其他植物结构。然而，木材恰恰是这些非繁殖相关的组织之一。因此，在现实案件中不可能每次都能仅仅根据木材的结构就鉴定出植物种属。在许多情况下，例如北美的商业木材通常极难区别同一属中的各个种。“南部松树”就是一个很好的例子。所谓“南部松树”实际上是包括湿地松、短叶松、火炬松、北美油松以及长叶松等在内的多种松树的统称。除了松树，本地橡树也只能根据其木质结构的颜色区分出红橡木和白橡木。硬枫木也是一样，包括了糖枫和岩枫等，也很难区分出具体的种，但能与红枫和银枫等软枫木相区别。无论有无定义上的约束，木材的结构及其生长成型的信息可作为证据，在法庭上解决那些质疑木材种属的相关问题，其中某些问题可能还未达到诉讼阶段。

可能使用木材作为呈堂证供的最著名案例，同时也是植物证据首次在美国被接受作为一种法庭上的科学证据的案例，就是新泽西州诉布鲁诺·理查德·霍普特曼绑架并杀害查尔斯·A. 林德伯格与安妮·S. 莫罗之子案。当年木材方面的专家阿瑟·科勒非凡的证词为法庭与陪审团提供了一个将植物作为证据的先例。因此，今天我们没有必要再去向法庭陈述植物作为科学证据的实用性和有效性，因为林德伯格案的判例已有金玉在前。下文将为读者详细介绍犯罪嫌疑人布鲁诺·霍普特曼与植物证据相关的审讯细节。特别是当时前所未有的阿瑟·科勒的证词，是在法庭上将木材作为证据的最典型例子。

这个案件被害人的父母查尔斯和安妮·林德伯格在 20 世纪 20 年代末至 30 年代是全美国知名的人物。查尔斯·A. 林德伯格在 1927 年 5 月 20 日至 21 日独自驾驶一架单引擎飞机从纽约飞到了巴黎，成为了当时美国乃至全世界的新闻人物。他成为了那个年代的英雄，并被多国政府授予嘉奖。安妮·莫罗来自一个著名的家庭，她的父亲是美国驻墨西哥大使，同时也是新泽西州参议员和著名的银行摩根大通公司的合作伙伴，而她母亲伊丽莎白·卡特是史密斯女子学院的代理校长，并出版了多部著作。安妮·莫罗也出版了一本自己的著作。因此，在他们的 21 个月大的孩子被绑架和杀害后，林德伯格夫妇获得了来自全世界的已为人父母的人们的同情。已经曝光的犯罪细节如下：

1. 林德伯格一家在位于新泽西州弗兰明镇附近的霍普韦尔乡间的大别墅中度周末。

2. 1932 年 3 月 1 日晚，他们的儿子小查尔斯·A. 林德伯格被人从自家的二楼育婴房绑架，当时林德伯格夫妇和保姆都在家里，后来保姆发现孩子失踪。

3. 现场没有找到太多证据：

(1) 离房子 60 英尺（约 18.29 cm）远的一个灌木丛里遗留了一个木梯，该木梯为自制的，未经过加工，由三个 7 英尺（约 2.13 cm）的部分拼接而成，显然是在现场拼接组装。

(2) 育婴房窗口下的地面留有两个可能是由木梯的扶手压成的压痕，木梯倚靠在白墙上可以直接进入育婴房窗口，墙上和梯子上都沾有泥土。

(3) 现场的足迹是穿袜子的脚，从窗口下的地面一直延伸到梯子被发现的地方。

(4) 在窗口下的软泥里留有一把 3/4 英寸宽的木工凿。

（5）窗户正下方的暖气片上放了纸条，上面写着索要50 000美元的赎金。

林德伯格夫妇与绑匪谈判了几周并最终支付了对方要求的赎金，但婴儿再也没有还回来。绑匪声称婴儿在长岛海峡上的一艘船里，但那里根本没有这样的一艘船。1932年5月12日，婴儿的尸体被发现抛弃在距离林德伯格家大约5英里（约8.05 km）的一个浅墓穴中。显然，绑匪在下木梯子时木梯突然断裂，绑匪和婴儿同时坠落到地面上，婴儿当场死亡。

林德伯格一家向霍普维尔警方报案后，新泽西州州长哈里·摩尔指派新泽西州警方负责人诺尔曼·舒瓦茨科普夫上校进行现场周边人员走访调查，赫伯特·胡佛总统后来又指示美国联邦调查局（Federal Bureau of Investigation，FBI）以其多样化的资源寻求每一个力所能及的帮助，一定要找到作案的罪犯。在最初的一系列调查无果后，悲痛欲绝的父母向警方请求交赎金，而后交付赎金却发现婴儿已死，舆论声讨凶手的浪潮却突然偃旗息鼓。因为正值此时，美国发生了金融危机，富兰克林·D. 罗斯福当选总统并推行罗斯福新政，加上欧洲即将爆发战争，民众对小林德伯格绑架案的关注被这些新闻冲淡了。就在案件侦破毫无头绪的时候，阿瑟·科勒，一个在法庭上被描述为“木材专家”的警官被新泽西州警方推荐参与了该案的调查工作，并对梯子的结构和材料进行了检验，以期协助执法官员锁定绑匪。

布鲁诺·理查德·霍普特曼是一名34岁的木匠，他在德国出生，当时住在纽约市布朗克斯，于1934年9月被捕，随后被控绑架。在这里有必要说明一点，那就是罗斯福新政部分复苏法案令美国放弃了金本位制，金币和金圆券持有者被勒令在美国联邦储备银行换取美元。霍普特曼当时在纽约为汽车加油时曾经使用过一张金圆券。该加油站的一名服务员当时觉得很可疑，怀疑这名男子使用的是假金圆券，因此在霍普特曼的加油账单上标记了他的车牌号码。支付这笔账单的金圆券后来被证实是林德伯格家用来支付赎金的一沓连号金圆券中的一张。显然霍普特曼的金圆券是来自于赎金，因此他在自家的附近被警方逮捕。

警方在霍普特曼身上以及家里的车库中搜到了价值上万美元的金圆券，这些金圆券的序列号与赎金完全一致。因此，霍普特曼被起诉绑架林德伯格家的婴儿，并于1935年1月2日在新泽西州弗赖明顿的亨特登县法院开庭审理。州政府任命首席检察官戴维·T. 威伦茨来提起公诉，由爱德华·J. 莱利和他纽约的同事们为被告进行辩护。包括群众和专家在内的大量证人被新泽西州政府邀请前来作证，其中最引起关注的是笔迹专家声称赎金和其他笔记的字体与霍普特曼的手写体一致，这一点是毫无疑问的。随后，木材专家给出了间接性的专家意见，证明婴儿失踪后发现的那三截木梯是由霍普特曼制作的。经检验，该木梯所用的木材正是取自于霍普特曼家阁楼的横梁。

木材专家阿瑟·科勒当时在位于威斯康辛州麦迪逊的国家林业产品实验室工作，他毕业于密歇根大学林学专业并在威斯康辛大学获得了硕士学位。他在国家林业产品实验室的主要工作就是每年参与成千上万的木材样本的鉴定，此外还在分析木材的生长规律、评估木材的强度和其他力学性能以及木材铣削方法咨询方面也有相当的建树。因此，他拥有相关的精良设备以及丰富的研究经验来应对该案中用于绑架的木梯的溯源工作。事实上科勒的调查早在锁定和起诉布鲁诺霍普特曼之前就完成了。科勒的研究提供了以下证据：

1. 两块木头在庭上进行了展示：一块是梯子最上端的横梁，另一块来自于霍普特曼家阁楼的地板。科勒证实梯子顶端的横梁来自于霍普特曼家阁楼里撬开的地板，他使用手锯锯开了这几部分。他得出这一结论的线索如下：

（1）当梯子最上端的横梁放到阁楼里的地板上时，其表面的钉子孔与地板上有一处钉子孔数量、位置以及形状都完全一致。

（2）当阁楼里的地板与现场发现的木梯顶端的横梁端部对齐时，二者的年轮完全匹配。

（3）两块材料的年轮数量完全一致。

（4）阁楼的地板缝隙里面残留的粘在石膏上的锯末与地板以及木梯横梁是同种木料。

（5）地板与木梯横梁上的锯痕宽度是 35～37 千分之一英寸（1 英寸＝2.54 cm），这与霍普特曼的工具箱里的两个手锯宽度一致。

2. 木梯横梁的两端被刨刀刨过，而这个刨刀的刀片上应该有一个缺口。在法院的许可下，科勒使用霍普特曼家工具箱里的刨刀尝试刨了法官的长凳，该长凳上留下的刨刀痕迹与木梯横梁的端部一致。

3. 对于木梯横梁的检验还发现了和霍普特曼家阁楼地板一模一样的机械刨床痕迹。每个刨床切割木料时产生的痕迹是独一无二的，因此科勒认为如果他能找到一台能形成与作案木梯相一致痕迹的机械刨床，他就可以追溯源头找到工厂以及之后的零售商。

（1）首先科勒认为木梯所用的木材是他所说的“北卡罗莱纳松”。然而实际上这种松木现在称之为“南部松树”。也就是说，根据木材结构的不同，同一系列不同品种的松树木材可以区分开来。这一判断提示木料来源的松树原产地是美国南部。

（2）通过检验机械刨床形成的痕迹特征，科勒确定刨床的铣刀顶部和底部装有八枚刀片，而边缘部分则只有六片。根据他的经验，只有两个工厂制造这种刨床，这两家工厂已经制造并向美国东部和南部出售了超过 1500 台。通过邮件和电话联系，科勒找到了 25 家购买了该类型机床的作坊。

(3) 科勒前往每一个作坊并仔细检查了他们的产品痕迹，直到发现了一个与作案木梯痕迹相同的刨床。该刨床为南卡罗来纳州麦考密克的 M.G. 和 J.J. 多恩所有。

(4) 科勒的下一步就是找出多恩家的木材运输到了哪里。作坊记录显示，1929 年 10 月 25 至 1932 年 3 月 1 日（绑架当日）之间有 45 车 1×4 的板材被运往的东部和南部木材场。科勒追溯了每车木材并在 1933 年 9 月初见成效，而一年后霍普特曼才被捕。霍普特曼家阁楼里的地板以及绑架用的木梯所用的 1×4 板材当时被运到了纽约市布朗克斯的伟大民族作坊与木材公司。在霍普特曼被捕之后，上述的发现正好吻合，因为他于 1931—1932 年曾经在这家公司工作过几个月并购买过这种木材。

首席检察官威伦茨曾经发誓说要将这把梯子挂到霍普特曼的脖子上【译者按：即执行绞刑】。威伦茨说："木梯的一侧完全来自于霍普特曼家的阁楼，我们会证明给大家看就是这个工具。"

在这个案例以前，从来没有精通木材及其相关结构以及生长规律的专家出庭的先例。尽管科勒被公诉人认为是一个合格的"木材专家"，但被告的辩护律师弗雷德里克·A. 波普向法院提出抗议称没有这样的专家。然而，阿瑟·科勒所提供的影像证据以及首席检察官威伦茨对科勒如何解释相关材料的指导最终说服了审团。

霍普特曼被判有罪，并于 1936 年 4 月 3 日在新泽西州州立监狱被处以死刑。霍普特曼的妻子安娜一直试图为丈夫洗脱冤屈，但直到她 95 岁去世都未能如愿。杂志编辑安东尼·斯卡杜托试图用辞藻华丽的报道来宣扬霍普特曼是被陷害的观点，但这种观点有时难以令人信服。

除非是使用如今在法庭中被广泛接受的科学证据如 DNA 等，否则很难推翻这一铁案。这个特殊的案例最终导致 1934 年 5 月美国国会通过了"林德伯格法案"。该法案规定，若绑架案在一周后还未获侦破，那么就推定绑架犯已经越过了州的边界，联邦调查局自动对该案享有管辖权。

参考文献

Anonymous (1935). Wood's case against Hauptmann. American Forest, 41, 209 - 211.

Busch F S (1952). Prisoners at the Bar - an Acount of the Trials of the William Haywood Case, The Sacco - Vanzetti Case, The Loeb - Leopold Case, The Bruno Hauptmann

Case. Section Ⅳ - "The Trial of Bruno Hauptmann for the Murder of Charles Lindbergh, Jr." Bobbs - Merrill, Indianapolis and New York, pp 201 - 208.

Cutler D F, Botha T, Stevenson D W (2008). Plant Anatomy An Applied Approach. Blackwell Publishing, Malden, MA.

Evert R F (2006). Essau s Plant Anatomy, 3rd ed. John Wiley & Sons, Hoboken, New Jersey.

Forest Products Laboratory (1935). The Ladder, the Lumber, and the Laboratory. Madison, WI.

Gummere C S (1936). The state of New Jersey, defendant in error, v. Bruno Richard Hauptmann, plaintiff in error, Vol. 30. Reports of cases argued and determined in the Supreme Court of the State of New Jersey. Soney & Sage. Newark, pp 412 - 446.

Koehler A (1935). Who made that ladder? Saturday Evening Post, 207 (42), 10 - 11, 84, 86, 89, 91 - 92.

Koehler A (1937). Technique used in tracing the Lindbergh kidnapping ladder. Journal of Criminal Law and Criminology, 27, 712 - 724.

Scaduto A (1976). Scapegoat: The lonesome death of Bruno Richard Hauptmann. G. P. Putnam's Sons. New York.

Stern W L (1988). Wood in the courtroom. World of Wood, 41 (9), 6 - 9.

第八章　孢粉学，犯罪现场中的花粉与孢子：概念、意义与应用

安娜·桑迪福德　博士

相关概念

法庭科学有许多大类别，而孢粉学则属于微量物证的范畴。微量物证的检验对象包括了材料所含的微观物质以及其转移（Caddy，2001），例如当一扇窗户破碎时玻璃碎片可能会转移到人的衣物上。

孢粉学（palynology）一词最初是指对植物花粉和孢子的研究（Traverse，2008），而研究花粉和孢子的专家仍称为孢粉学家。然而，许多孢粉学家现在也使用孢粉学这一术语来概括所有有机微生物及相关的沉积性或隶属一系列特定的化学过程的检材。

花粉（pollen）一词既是单数也是复数，因此通常不会使用pollens这样的形式来表示复数。花粉粒（pollen grain）是指一个颗粒状的花粉。孢子（spores）也可以当做是“花粉”的一大类。

什么是花粉与孢子

花粉由种子植物产生，并在其繁殖过程中发挥重要作用（详见本书第二章）。花粉粒是雄性精子细胞，可以和雌性细胞结合而使其受精。许多植物的花粉位于花朵中，但有些植物如松树、柏树等的花粉则由球果产生。其他一些植物如蕨类植物、藓类、苔类以及地衣等是通过孢子而不是花粉来繁殖的。

大多数植物在一年中的特定时间才释放孢子或花粉。植物繁殖的基础就是产生并释放足够的繁殖体，其中的一部分最终发育成新个体。那些没有发育成新个体的花粉和孢子会留存在环境中许多年。花粉和孢子的这种特性在植物界普遍存在，花粉和孢子能在保存活力的情况下播散非常远的距离，因此它们在法庭科学与其他学科都有相对广泛的研究。大量花粉突然出现在环境中也会导

致大量的人罹患花粉热，因为花粉往往可以成为致敏原而导致人体发热反应。

孢粉的理化耐受能力

花粉和孢子的外壁由多种有机化合物组成，这些化合物对各种自然的理化反应有相当强的耐受力，因此它们能够在环境中长时间保存活力。在数千万年前的化石中，花粉和孢子就表现出了这种耐受力（Marshall 和 Fletcher，2002）。

从土壤和泥浆中提取花粉和孢子样本常常需要使用化学反应，溶解掉其他物质。花粉粒外壁对化学反应的高耐受性是植物繁殖策略的一部分，其有助于增加植物繁殖成功的机会。花粉粒能够耐受化学处理的部分，实际上只是极其坚实的外壳而非整个花粉粒。

其他一些能耐受化学反应的微生物在提取花粉的实验流程中也会保留下来。这些微生物主要是真菌、不同类型的藻类（如甲藻、葡萄藻和盘星藻等）、一些有孔虫的内层外壳（一群水生单细胞原生动物，非正式地称为“有孔虫”），以及那些现在已经灭绝或主要出现在化石记录中的微生物，如几丁虫、疑源类以及虫颚等。

经过化学处理的混合样本中除了花粉，还可能含有一些耐受性较强的植物残片、有机无定形物质或木炭的碎片（天然和非天然的火灾形成的）。

尽管在特定环境条件下，细菌和真菌会损害和（或）寄生于花粉和孢子，但花粉和孢子明显比其他类型的有机物质更耐受微生物分解。

对提取样品中的沉淀物进行交替湿润和干燥通常会导致花粉粒的破坏加剧。但是，在自然界大多数环境中都可以发现花粉，并且其在缺氧的环境下保存得特别完好。自然的氧化环境如大流量的河流以及强氧化物如漂白剂等对花粉的破坏非常迅速。

孢粉在自然界中的分布与播散途径

在现代的环境中，花粉几乎是无处不在的，无论是室内、室外还是在水里。不过，在某些商业和工业环境中，对空气质量有特殊要求的单位会专门设计一些空气过滤装置来滤除空气中的各种微小成分，花粉通常也包括在内。

花粉的播散如此之广，其根本原因就在于满足植物繁殖的目的。植物繁殖方式多种多样，而花粉播散的机制差异导致了全世界各种植物的花粉粒形态与数量的不同。最常见的花粉和孢子播散途径就是随风飞翔播散、随生物个体如昆虫和鸟类等在花与花、植物与植物间播散，以及随着水流播散。

风

为了确保繁殖成功，许多植物依靠的是增加繁殖体的数量。例如，一棵松树可以产生数以百万计的松花粉粒（Traverse，2008）。当花粉释放到空气中后，这棵树就借助气流的力量将其产生的花粉运送到其他松树，部分的花粉就可能会遇到雌性细胞并使其受精。

风媒植物花粉可以播散到非常广大的地区，从数万平方英里到漂洋过海都是有可能的（Close 等，1978）。风媒植物花粉粒数量非常多，因此在传粉时会形成粉尘状飘散。在每年的特定时间，汽车的表面可能会附着了一层薄薄的花粉“灰尘”。

风媒植物的花粉甚至能在距离其原产地数千英里的深海中找到。这种能够超远距离播散的能力原因之一是花粉粒的特殊形状与结构：中心区域的球囊状结构中包含有繁殖所需的全部原料（图 8.1D 和 E）。这种球囊结构内含空气，可以保证花粉粒长时间悬浮并随风长距离播散，并且能防止囊内的遗传物质过于干燥，以免降低花粉的生殖能力（Cranwell，1940；Jarzen 和 Nichols，1996）。

并不是所有的风媒植物都进化出与松树类似的花粉粒，还有许多风媒植物通过产生更大数量的花粉粒来保证繁殖成功，例如灯芯草（帚灯草科 Restionaceae）、莎草（莎草科 Cyperaceae）和稻草（禾本科 Poaceae）等。

昆虫与鸟类

一些植物并不依赖繁殖体的数量，而是更多地借助动物直接将花粉从一株植物带到另一株植物。这类传粉方法包括鸟类以及各种昆虫，如蝴蝶、蜜蜂和甲虫等。

虫媒和鸟媒植物通常产生的花粉比风媒植物要少得多，其花粉的播散范围也比风媒植物小，通常只有几平方米范围而不是几平方英里。这类植物通常需要昆虫和鸟类来采集花粉，然后播散到另一株同种的植物上。这类植物往往进化出大而鲜艳、气味芬芳的花来吸引昆虫和鸟类，例如雏菊和玫瑰花等。

水流

湿地植物常常依靠水流来播散其繁殖体，但这也意味着该类植物的花粉或孢子往往仅局限于水环境。这类植物在原产地数量非常多，但随着水流距离的增加而逐渐减少。属于这一类的植物主要包括亲水的泥炭藓（*Sphagnum sp.*）以及拟蕨类如水韭（*Isoetes sp.*）等。

花粉形态

花粉粒体积微小，因此必须使用显微镜来观察检验。花粉的计量单位是微米（micrometre/ micron），1 μm=0.001 mm。Micrometre 一词在单位测量上更加常用，而 micron 则多用于日常。花粉粒的直径为 5～120 μm，因此一般肉眼情况下不可见。某些地质标本可以比现代花粉大得多，直径有时超过 200 μm（Traverse，2008）。

不同植物花粉粒的大小、形状以及表面图案千差万别。这些花粉粒的形态学特点可以用来区分不同的植物，但某些植物的花粉粒的形态学差异大，而有些则差异较小。例如，有时很难根据花粉形态来区分某些禾本科的杂草，因此只能将其标记为禾本科。某些植物如橡树或大型蕨类通常可以鉴定到属一级水平（分别为 *Quercus* 和 *Cyathea*），而其他植物的花粉粒可以鉴定到种一级，如新西兰鸡毛松（*Dacrycarpus dacrydioides*）这种新西兰独有的本地植物花粉（图 8.1E）。其他一些有代表性的花粉粒如图 8.1 所示。

花粉在非法庭科学方面的应用

非法庭科学目的的孢粉学研究多种多样，有些是将花粉作为考古学地质时间尺度，有些则是研究蜂蜜相关知识，还有些则是研究花粉的食品营养学应用。

在地质应用中，通过检验分析花粉组合【译者按：类似动物群落】或称之为“花粉签名”，通过一系列的岩石和沉积物样品，可以看到花粉组合随着时间的推移而不断变化。这一花粉分析相关应用有助于推断几千万年（Mildenhall，1980）至几万年（Sandiford 等，2003）间的气候变化。花粉组合也可以帮助科学家分析研究过去的火山喷发对植被的影响（Sandiford 等，2001），而反过来可以帮助提供一个火山未来爆发影响的预测。花粉组合的考古应用主要是帮助研究者解开类似人类在什么时候来到某个孤立地区的谜团（McGlone 和 Wilmshurst，1999）。

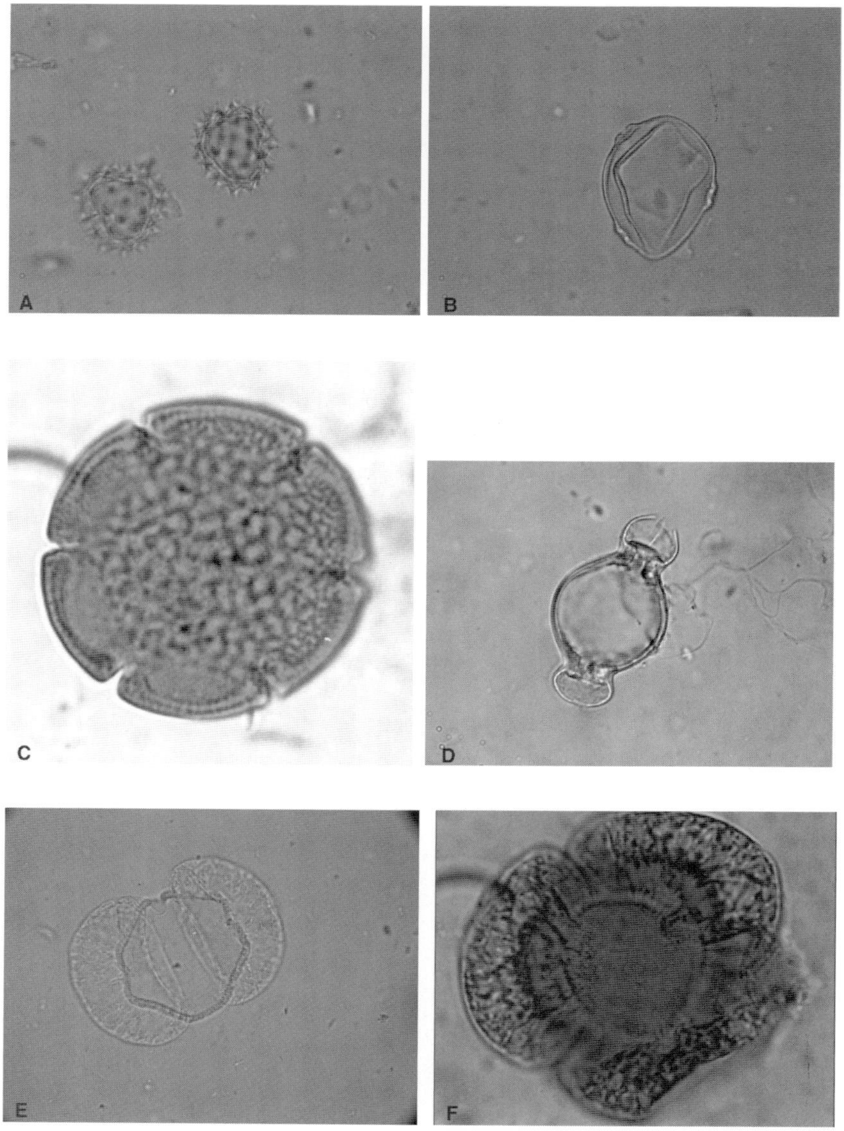

图 8.1 几种典型的花粉粒形状和表面花纹。A～D 图约为 400×，E 图约为 100×。图 A：常见的小雏菊（*Bellis perennis*）花粉。图 B：一种已灭绝的植物（*Reevsiapolis reticulates*）的花粉，标本被染成粉色以凸显表面花纹。这个标本有大约 115 万年的历史。图 C：一种常见的园林观赏植物倒挂金钟的花粉。图 D：一种高大的森林裸子植物新西兰黑松（*Prumnopitys taxifolia*）的花粉粒，该植物仅生长在新西兰本土。图 E：非常独特的新西兰鸡毛松（*Dacrycarpus dacrydioides*）三囊花粉，标本被染成粉色以凸显表面花纹。这个标本有大约 120 万年的历史

花粉分析在上述非法庭科学方面的应用严重依赖于科学家对植物生长和繁殖、更适宜的生长环境以及植物生长所需的气候条件等相关知识的掌握（详见第二章）。了解了植物的繁殖过程，孢粉学专家可以根据土壤样品中的花粉粒创建一个虚拟的植物分布地图，即该植物原产地及其周围的环境情况。这样一个虚拟的地图虽然不能代表生活在该地点的所有植物，但它能提供当地甚至是更广泛环境条件下准确的植被分布。

孢粉在法庭科学中的应用

法医孢粉学使用和非法庭科学目的孢粉学相同的原则和研究思路：首先鉴定花粉属于哪一种类型的植物，然后根据这种植物的生活习性来推断出其原产地。

当一个法医孢粉学专家在解释其实验结果的时候，有几个因素必须考虑在内，即使这些因素不会在所有情况下都有影响。与任何其他案件的调查工作一样，案件的自身情况将决定了哪些影响因素是重要的。需要考虑的因素如下文所述。

植物在其分布地区中的生长

如果要从犯罪现场中采集花粉样本，必须首先观察记录该植物生长的环境以及犯罪现场周边的环境，这样法医孢粉学专家才能将花粉样本与犯罪现场中分布的植物联系起来。

有些植物产生的花粉很少，因此在犯罪现场中采集补充样本中可能不含该植物花粉。没有与雌蕊结合受精的花粉粒一旦沉积在环境中也会逐渐腐败（Phuphumirat 等，2009）。从犯罪现场中采集到的花粉类型有可能与犯罪嫌疑人身上采集到的花粉样本种类不匹配。除非有文献证实犯罪现场中生长的植物种属与犯罪嫌疑人身上的花粉有相关性，否则不能仅使用花粉样本来确认犯罪嫌疑人。

花粉雨

某个给定地点中所有花粉的数量以及花粉类型被称为“花粉雨”。这一个现象是在特定的时间由开花植物形成的。花粉雨的变异度很大，即使在相对较短的距离也会有较大的差别。目前全球在该领域已经发表了大量的相关论文，尤其是评估如何表示在给定地区的植物是如何形成花粉雨的（Adam 和 Mehringer，1975；Olivera 等，2009）。花粉雨并不一定准确地代表该地区的所有植被，也就是说，如果某地区 20%的植物是杂草，该地区杂草花粉不一定占全部花粉的20%，因为每种植物与花粉的天然特性并不一致。在分析某地区花粉检验结果时还应该考虑该地区的空气动力学特点，因为风媒花粉在开阔地区播散的距离远远大于封闭地区。

传粉的方式

了解案件涉及的相关植物的传粉方式是非常重要的。以风媒传粉的植物为例，其花粉可以借助风力播散到非常广阔的区域，因此这种花粉就很难作为证据使用，因为该地区的土壤里一定会有大量的该类植物花粉粒存在。相对而言，虫媒或水流传粉植物就非常重要了，因为它们的花粉一般不可能从非常远的原植物上播散出来。

播散与持久力

花粉能否转移到物品上取决于二者接触面的性质以及物品与花粉接触的时间长度。根据花粉的类型不同，物品有可能需要保持相当长时间的物理接触才会转移到植物、土壤或物品表面。只是路过并靠近一些植物并不意味着花粉就一定会转移到衣物上，这可能需要一个人从植物上蹭过才会带走几颗花粉粒（Mildenhall，2006）。

一旦花粉转移到某个物品上，花粉能黏附在物品上的时间长短是必须考虑的问题。这一时间长短与物品的类型（如服装或铁锹等）以及物品沾染花粉后的活动（如剧烈活动还是静态或被清洗）等有关。

转移和持久性问题对于其他类型的微量物证检材而言与花粉是相类似的（Bull 等，2006），如玻璃、纤维等的转移（Robertson 和 Grieve，1999；Caddy，2001）。

样本的类型及其在自然界中的分布

应该从犯罪现场中采集花粉样本作为该地区的代表，这些样本通常称为控制样本或参考样品【译者按：即前几章介绍的补充样本】。室外犯罪现场一般要采集土壤、落叶、苔藓以及其他植物样品，而苔藓尤其擅长捕获和保存花粉。

对于嫌疑地点需要进行细致地采样，并对样本进行孢粉学分析鉴定。除了发掘墓穴中尸体的现场，其他现场没有必要在犯罪现场挖土来采集花粉样本。

在远离犯罪现场的物品上采集到的样本，通常体积比犯罪现场中少。例如，裤子的膝盖磨损部位通常拥有的花粉组合就比花园的土样要少得多。

什么情况下要采集花粉样本

在许多不同的案件场合都应该采集现场中的花粉样本，例如贩卖和走私毒品，尤其是大麻、海洛因和可卡因等毒品植物，以及那些人与物品、地点之间可能存在关联的情况，例如谋杀和盗窃等。

对涉毒案件中毒品植物样品的分析可以帮助确定毒品植物原产地以及这些植物可能在哪儿被砍伐（Stanley，1992）。花粉被用于提供人与物品、地点之间的联系的典型案例就是鹿茸盗窃案（Mildenhall，1988）。

如何采集和保存花粉样本

参考其他法庭科学分析

如果某个样品专门用于花粉检验分析，那么样本可以直接采集并送到相关的花粉实验室。然而，如果一个样本需要进行多种类型的法庭科学分析，则必须考虑各种检验分析的处理顺序。这是因为花粉检验分析是一种破坏性检验技术，样本一旦经过特殊处理，除了花粉和其他耐化学反应的微粒，其他所有的样本都会被破坏。

举例而言，一件沾染了血迹和杂草的衬衫可能同时需要进行血迹形态分析以及花粉检验。通常情况下，需要剪下杂草黏附部分的材料用于花粉检验分析，但花粉检验分析是一种破坏性检验技术，因此可能会干扰血迹形态。在这种情况下，就必须先进行血迹形态分析，再进行花粉检验分析。科学家和执法机构之间的沟通是非常重要的，这样才能确保最大程度地从上述衬衫中获取相关犯罪信息。

采集工具

由于花粉在自然界中普遍存在，因此在各种类型的材料和物品表面都能采集到花粉样本，而其中大部分样本采集所需的技术是非常简单的。花粉样本采集的基本工具就是干净的容器（如 15 ml 聚丙烯管和小封口袋）、干净的采样工具（如药匙、调羹、小刷子）、标签设备（永久性标记笔、胶粘标签）以及一次性手套（如橡胶或非乳胶制的一次性医用手套）。如果采集花粉样本样品的现场中没有自来水，那么另一个有用的物品就是酒精棉球，其可用于清理采样工具上的花粉以免污染下一次采样。此外，采样工具不能使用自然界中的水（如湖泊、池塘或河流）来清洗，因为这些水体中常常含有不同类型的花粉，容易污染后续采集的样本。

所有采集到的用于各种实验室检验分析的样本必须尽快放入专用证据袋内密封并打上标签，而且每个证据袋最好都有一个唯一的编号和（或）条形码以便归档。使用非密封证据袋盛装的样本是不能进行分析的，因为不能保证样本在采集后没有污染，无论这种污染是偶然还是故意。

意外污染

在处理量非常少的检材时，因为这类检材往往无法用肉眼看到，所以必须采用一定的预防措施避免样本意外污染。这意味着在采集花粉样本时，必须采用与其他类型的微量物证（如纤维、玻璃、油漆等）相同的预防措施和执行程序（Caddy，2001；Robertson 和 Grieve，1999）。

意外污染也可能发生在取样管没有清洗干净就使用的情况下，导致含有花粉粒的大量尘埃混入样本，而这些花粉粒往往与本案无关。如果法医孢粉学专家不知道样本已经被污染，就会误将污染物作为检验结果的一部分来解释，继而误导案件侦查方向。

还有其他一些问题会意外地污染样品，例如使用同一个工具来收集两个不同的样品却没有在采集每个样本前清洗工具。因此，任何现场采集花粉样本的勘验人员或法医植物学专家都必须明确地了解意外污染的风险，并采取适当的预防措施来尽量降低污染风险。

任何处理花粉样本的科学家和（或）技术人员都应该意识到可能发生的潜在实验室污染问题（Loublier，1998；Moore 等，1991），并且制定相关的程序来降低风险。

植物与土壤

在许多涉及花粉的案件中，常常需要对不同地点的样本进行比对。例如怀疑某车辆曾经到过某个河边的地点，那么就需要从嫌疑车辆和河边采集花粉样本。

花粉非常容易黏附在植物的表面，特别是那些有绒毛或黏性的植物部分，如大麻的叶子和花蕾的顶端。要采集一批大麻花蕾顶端的花粉样本，需要将选好的样本单独封装在一个证据袋内并贴上标签。可卡因等提取自毒品植物古柯一类的毒品也可以根据花粉检验来确认，并且不需要使用特殊的收集技术，而毒品本身可以提交给相关实验室进行处理（Stanley，1992）。处理毒品的实验室通常需要专门的许可证以允许他们接收、存储和处理非法或者受限制药物和毒品。

花粉在土壤、灰尘、泥浆以及任何物品表面都很常见。例如，在很多案件中都需要从嫌疑人的鞋子底面花纹刮下的泥土或私家车道刷下的尘土。在犯罪现场中可以使用干净的汤勺或调羹来采集土壤或碎片样本，并使用干净的样品管或封口袋保存。

衣裤与鞋袜

所有与案件相关的衣物都必须提取并送到实验室。可以剪取沾染有泥渍或黏附有草叶的衣物部分进行花粉检验分析，但在检验前应与其他法庭科学专家以及执法人员讨论（原因参见本章前面的部分）。一件毛衣的袖口可以进行冲洗，并在冲洗液中采集花粉样本。在这类情况下，衣物可以放在封口袋中送到实验室由专家来处理和检验。不过，花粉分析人员在进行处理这些可能沾染有花粉的衣物前，必须要知道这些衣物在封包前进行过哪些处理。例如，把衣服放在一个肮脏的地板上再放进封口袋就可能导致意外污染。和衣物一样，鞋子也可以封包并直接送到实验室。

应当注意的是，如果衣物和鞋子被提取后没有密封在证据袋里，土壤和松散的检材可能会在运输的过程中从衣物鞋袜上原来黏附的位置脱落。如果实验室收到的一双鞋子证据，其上附着的泥土在运送过程中抖掉了，那么就很难再判断这些泥土在鞋子上附着的原始位置。泥土在鞋上的原始位置有时是很重要的，例如鞋面上有泥土表明可能已经存在相当长的一段时间了，而鞋底粘有一些没有嵌在花纹中的泥则表明这双鞋最近穿过。

车辆

现场勘验人员常常用胶带在汽车的座椅和搁脚空间粘取毛发和纤维证据。在使用该方法进行证据提取时，需要先将干净、未使用的胶带摆放在各个需要提取的区域旁边，再逐一粘取可能有花粉的区域。粘取完成后，胶带可以黏在透明醋酸纤维薄膜上，以便后续的实验室检验分析。过去该方法通常要么用于粘取纤维，要么粘取花粉，不能两者同时提取。现在发展出了一些新的采样和处理技术，这些技术已经能够同时处理花粉和纤维，并且不会破坏其中任何一种证据的完整性。

在采集花粉样本时，应该仔细检验车辆的内部表面如搁脚空间、踏板以及脚垫等。需要重点关注的是，花粉样本的分布可能代表了车辆使用的时间。在各类犯罪案件中，需根据具体到案情来决定是否需要采集花粉样本。从一辆新车的脚踏上采集到新鲜的泥土，其证据价值远比老司机的脚垫上的尘土要高。同样，车辆外壳上分布的花粉样本也非常重要，例如轮拱，这类部位的样本可以协助引导案件调查和定位谋杀以及埋葬死者的地点（Brown，2000）。

人类尸体

在人类尸体上采集花粉样本要远比在其他类型的介质上采集复杂得多。在尸体上采集花粉样本的工作最好由法医病理学专家来进行，头发的清洗可以由太平间助理或参加解剖的刑侦人员协助。清洗活人的头发比清洗死者的要容易，特别是那些已经开始腐烂并且头皮开始脱落的尸体（Wiltshire，2006a）。

手指下和指甲缝中的花粉样本很容易采集，只需将指甲剪下来或使用酒精棉签刮取。尸体上的泥渍或类似的检材可以从表面刮掉；如果是黏附在尸体上，则可以将该处的皮肤切下来一起提取。再一次需要强调的是，在采集尸体上的花粉样本时必须考虑其他类型的实验室检验要求，对于要同时进行其他实验室检验的证据样本必须严格记录，例如细胞、血液、血迹形态或伤口形态的检验。

在某些情况下，可以适当从尸体的鼻腔采集花粉样本。这种情况往往涉及摘除大脑并清洗鼻腔（Wiltshire 和 Black，2006），也可以由法医病理学专家使用一个简单的带试管的棉签来快速提取。这种带试管的棉签工具不但能提取鼻腔中的花粉样本，有时还能提取到残留的毒品。

其他物品

在犯罪现场中，可以从非常广泛的各种物品表面或物品本身采集花粉样本，即使某些相关的证据物品不在现场了。例如某个案例中，有数吨重的大麻脂被收缴，需要对使用聚合物包装的这些大麻脂进行检验分析。然而，大部分大麻脂已经被摧毁了，所以没法再采集相关样本。然而仍然有 1 mm 以下大小的大麻脂碎片残留在聚合物薄膜的折叠缝中，可以使用镊子和手持照明灯将这些微小的样本提取并放入样品管中。即使只有不到半克的样本，就已经足够进行后续花粉检验分析。

家中任何物品的表面如地毯、手提箱内以及垫子等都或多或少分布有花粉。在采集这些物品表面的花粉样本时，可以使用清洁的真空吸尘器和新的真空袋来提取那些普通方法难以触及的地方。但是，在使用真空吸尘器和真空袋来提取样本时必须同时向实验室提供未使用过的同一批号真空袋，以便对真空袋生产过程中是否残留花粉进行评估，以免误导实验结果。

任何中等大小的物品都可以放入适当大小的证据袋中密封保存，并尽快送到实验室检验分析。这些相关物品包括衣物、绳索、砖石、球拍和日常生活用具，当然其他案件还可根据需要提取更多物品。冲洗过物品的水可以收集到坚固而干净的罐子里，通常 1 L 就足够了。

样本的保存

正如前文所述，尽管花粉粒能耐受许多类型的化学物质，但样品的剧烈干湿变化和细菌/真菌生长会严重破坏花粉粒。因此，为了保护花粉粒的完整性，维持花粉粒的含水量和温度稳定性是必须的。出于这个原因，花粉样本一旦采集，通常应立即保存到冰箱中。不过与一些需要进行 DNA 样本、组织液或体液样本的相比，在运送样本的过程中一般不需要使用冷冻或放置干冰来维持花粉样本的活性。

需要采集多少样本

在犯罪现场采集的花粉样本数量取决于每个案件的具体情况。在一个涉及大麻的案件中，毒品的原产国仍然在调查之中，因此有必要采集一到两个样本。如果是涉及尸体、车辆或某个犯罪现场，则可能需要多采集一些样本。

对于现场中采集花粉样本的数量和类型，刑侦人员可以通过电话或互联网与法医病理学专家或法医孢粉学专家讨论，甚至可以邀请相关专家参与现场勘验。

花粉证据采集的人员与实验室要求

花粉证据的检验分析可以分为三个基本阶段，即采集、处理以及鉴定分析说明。

样本采集

无论是孢粉分析专家还是现场勘验人员或是法医病理学专家，只要进行少量的训练即可以满足现场采集花粉样本的需求。这类简单的培训通常可以由法医孢粉学专家来负责。然而，与其他以刑侦破案为目的的现场证据采集一样，初次采样的质量决定了花粉证据本身的质量以及其证据价值。因此，恰当地采集、包装、密封、标记以及正确地保存样本非常重要。

在大多数情况下，在完成了其他证据的采集后才能进行花粉样本的采集，整个证据采集流程需要由一个有丰富的现场勘验经验的现场指挥员来制订。如果时间和成本上不允许，那么只要现场勘验的程序和手段是正确的，现场勘验记录是完整的，那么即使法医孢粉学专家到不了现场也没有太大的关系（参见下面成本和证据流转时间部分）。

样本处理

花粉处理只能由训练有素且了解花粉的特点和实验室内意外污染问题的工作人员来处理，而这类人员还必须接受过相关化学实验培训。

花粉种属鉴定与相关分析说明

花粉和孢子的种属鉴定是一个高度专业化的工作，这需要掌握全球主要植物区系相关综合知识，还需要对某些特殊的植物学问题、地理区划、地质学一级生态自然地理过程有所了解。

一旦某个样本中的所有花粉粒种属鉴定完毕，就需要法医孢粉学专家对鉴定结果进行分析说明。正如前文所讨论的那样，在分析鉴定结果时，许多情况都必须综合考虑在内，例如这些植物的传粉方式、每个样本可能代表的时间、地理环境差异以及案件的具体情况等。

成本与证据流转时间

虽然花粉种属鉴定和分析说明是一个高度专业化的工作，但样品分析的成本却并非非常高。花粉证据的采集并不需要昂贵的仪器设备，相关证据的处理也主要依靠现成的化学试剂和一些常见的实验室设备以及玻璃器皿，其中最贵的设备可能就是大容量高速离心机。

如果犯罪现场勘验人员进行过相关的正规培训，那么一些紧急的案件可以不需要法医孢粉学专家参与犯罪现场勘验工作。虽然邀请法医孢粉学专家参与现场勘验有利于正确采集花粉样本，但如果现场已经借助视频、文字、照片和图表进行过记录，法医孢粉学专家有没有到过现场就意义不大了。如果为了等法医孢粉学专家到达现场而延误了现场勘验时间，反而会增加案件侦破的时间成本，死者的尸体也会延迟归还给家属。

根据实验室设施不同，每个案件同时处理和检验分析的花粉样本数量建议最多不超过 8 份。经验显示，8 份样本的显微镜检验前处理时间大约需要一个工作日。一般而言，花粉样本送达实验室后，完成 10 份花粉样本的处理与检验，并出具分析报告所需的时间大约为 4 周。

相关案例

目前，尽管在许多现实案件中花粉证据都曾是案件侦破的关键，但法医孢粉学未引起足够的重视。不管是严重的凶杀案件还是盗窃一类的普通案件，只要采集到足够的检材就可以进行花粉检验分析。不过，这类分析的结果并不总是指向实际的犯罪，有时会出现意想不到的结果。

凶杀与种族大屠杀

由于有众多案例的支持，人们对花粉证据在凶杀案件侦破中的应用已经有了相当广泛的认识。一个非常有名的案件就是霍莉·威尔斯和杰西卡·查普曼被杀案。这两位女学生在2002年夏天失踪，近两周后人们在她们俩最后被目击的地点——附近的农地里发现了她们的尸体。从嫌疑人的车辆上采集到的花粉样本与遗尸现场完全一致（Wiltshire，2006b）。该案还涉及了根据现场中的荨麻茎部折断与新茎部的增长速度来推断案发时间相关内容。

法医孢粉学另一个引人注目的应用是与战争罪调查相关的谋杀。花粉证据作为前南斯拉夫国际刑事法庭相关调查的一部分，用于确定墓穴中埋葬的死者是否是在其他地方被杀害后再转运到现墓址掩埋。波斯尼亚东北部有一些万人坑，罪犯们将种族灭绝受害者的尸体从万人坑中挖出后又将部分尸体掩埋在多个墓穴所里。这样转移再掩埋尸体后，会显得这些死者是小型冲突而不是种族大屠杀的受害者。1997年战争罪行调查组挖掘了一些较小的墓穴并对受害者衣物上的土壤样本进行了花粉检验分析。这些尸体衣物上的土壤和花粉样本分析结果表明，所有这些尸体都来自于万人坑，从而为种族大屠杀提供了旁证（Brown，2006）。

案件侦破工作

花粉检验分析可以视为案件侦破的情报收集过程的一部分。借助花粉证据来获得破案相关信息，其目的不一定是用于单一的一个案件的起诉。它除了为案件的侦破提供相关背景信息，这种信息还可以随着时间的推移成为解决后续相关问题和未来类似案件的基础。

一个最典型的例子就是从特大量的大麻脂和其包装物中提取花粉样本，以帮助确定这些大麻是在哪个国家种植的。大麻类植物的叶片和花蕾顶端常常会收集到其他植物的花粉。检验分析人员可以从这些树叶、花蕾顶部、大麻脂或大麻油中提取花粉样本，并根据花粉种类与比例分析确定大麻在哪里种植、加工以及处理的。警方情报机构可以在没收这批毒品前使用这些信息来建立一个可视化的毒品生产、运输和销售途径。

意外污染

任何案件的分析说明总是基于案件相关的信息。如果样品被破坏了，那么检验结果很可能是无效的。因此，花粉检验分析的关键就是必须确定结果的可靠性。意外污染导致法医孢粉学分析出错的一个例子就是某次警方突袭某个私人宅邸寻找大麻。

当时定位了两大桶大麻，一桶在一个小屋内，另一桶盛装在一个旧油桶里。在该案中，花粉分析的目的就是确定这两大桶大麻是否曾种植在这个宅邸内，以及它们是否是同一个季节种植的。

作为参与工作的一部分，法医孢粉学专家审查了当日警方进入私人宅邸和收缴大麻的照片。很明显警方将大麻从旧油桶里捞了出来并摆放到地上，然后拍了一组照片。这些大麻随后被装到一个水桶里，桶上盖了一块蓝色防水布，但这块防水布随后被拿走，大麻又被取出拍照。最后大麻被警方用铲子铲起来放回水桶里。

位于小屋内水桶里的大麻被倒了出来并平铺在上述相同的蓝色防水布上拍照。由于两批大麻使用了同一块未清洗过的防水布，警方意外污染了第二个桶里的大麻。因此，法医孢粉学专家无法确定两组大麻间花粉是否存在相似性或差异性，继而无法判断这两组大麻是否在同一时间种植（公诉方观点），也无法确认它们是在不同时间不同地点种植（辩护方观点）。这个花粉证据遭污染的意外给公诉方造成了很大的麻烦，最终导致法庭结合其他证据，宣布被告人无罪释放。

花粉缺失

本章节之前讨论的案例都是现场中存在花粉的情况下进行的花粉证据检验分析。但是在某些特殊的情况下，现场缺乏花粉才是关键。在下面这个案例中，一项强奸指控导致犯罪嫌疑人和原告的衣服与鞋子被警方作为证据提取走了。

对犯罪嫌疑人的鞋子检验的结果显示，该鞋子并不是新鞋，犯罪嫌疑人经常穿这双鞋，其上有与训练相关的磨损。专家对鞋子的表面刷下的灰尘和碎片进行了花粉检验分析。然而，出人意料的是这双犯罪嫌疑人的鞋子没有黏附任何花粉。这是一个非常不寻常的发现，因为即使鞋子在肉眼下是干净的，但其上通常仍会黏附有花粉粒，尤其是这双鞋还不是新鞋。这双鞋子非常干净，鞋上的白色的区域明显比其他部分要更白，专家因此推测鞋面上缺少花粉的区域已经过彻底清洗，可能还使用过漂白剂。这一细节引起了警方的高度关注。最后花粉从犯罪嫌疑人的衣物上成功提取到，法庭考虑到其他相关证据，最后判决犯罪嫌疑人有罪。

小　结

目前，尽管人们在几十年前就已经意识到了花粉证据的应用价值，但法医孢粉学仍未在法庭科学领域引起足够的重视（Bock 和 Norris，1996；Walsh 和 Horrocks，2008；Mildenhall，2009）。花粉是一种非常有价值的微量物证检材，只要适当注意证据意外污染问题，即使不是孢粉学专家也能像处理其他微量证据一样采集和处理花粉证据样本。

花粉样品处理和分析既不昂贵也不费时，但它确实需要对孢粉学、法庭科学以及法庭诉讼有相当了解的人员来进行各项相关工作。在使用正确的情况下，花粉检验分析可以成为一个非常有用的工具，能够协助案件侦破工作，证实或反驳某些人的不在场证明，证明或证伪相关人、事、物之间的联系。

与其他所有的法庭科学相关学科一样，法医孢粉学不仅仅是一门能够协助破案的科学。同时，了解花粉证据样本的采集及其适用范围也是非常重要的。

参考文献

Adam D，Mehringer P（1975）．Modern pollen surface samples-an analysis of subsamples. Journal of Research of the US Geological Survey，3，733－736.

Bock J，Norris D（1996）．Forensic botany：an under-utilised resource. Journal of Forensic Science，42，364－367.

Brown T（2000）．Going to ground. Police Review（UK），4 February，pp 18－20.

Brown A（2006）．The use of forensic botany and geology in war crimes investigations in NE Bosnia. Forensic Science International，163，204－210.

Bull P，Morgan R，Sagovsky A，et al（2006）．The transfer and persistence of trace particulates：experimental studies using clothing fabrics. Science & Justice，46，185－195.

Caddy B（ed.）（2001）．Forensic Examination of Glass and Paint. Taylor & Francis，London.

Close R C，Moar N T，Tomlinson A I，et al（1978）．Aerial dispersal of biological material from Australia to New Zealand. International Journal of Biometeorology，22，1－19.

Cranwell L M（1940）．Pollen grains of the New Zealand conifers. New Zealand Journal of Science and Technology，22B，1－17.

Jarzen D M，Nichols D J（1996）．Pollen. In：Jansonius，J. and McGregor D C（eds），Palynology：Principles and Applications，Volume 1：Principles. American Association of Stratigraphic Palynologists Foundation，Dallas.

Loublier Y (1998). Evaluation of indoor passive pollen sedimentation over 1 year: a possible source of contamination. Aerobiologia, 14, 291 - 298.

Marshall J, Fletcher T (2002). Middle Devonian (Eifelian) spores from a fluvial dominated lake margin in the Orcadian Basin, Scotland. Review of Palaeobotany and Palynology, 118, 195 - 209.

Mcglone M, Wilmshurst J (1999). Dating initial Maori environmental impact in New Zealand. Quaternary International, 59, 5 - 16.

Mildenhall D C (1980). New Zealand Late Cretaceous and Cenozoic plant biogeography: a contribution. Palaeogeography, Palaeoclimatology, Palaeoecology, 31, 197 - 233.

Mildenhall D C (1988). Deer velvet and palynology: an example of the use of forensic palynology in New Zealand. Tuatara, 30, 1 - 11.

Mildenhall D (2006). Hypericum pollen determines the presence of burglars at the scene of a crime: an example of forensic palynology. Forensic Science International, 163, 231 - 235.

Mildenhall D (2009). Forensic palynology: an increasingly used tool in forensic science. European Journal of Aerobiology and Environmental Medicine, 2, 7 - 11.

Moore P D, Webb J A, Collinson M E (1991). Pollen Analysis, 2nd ed. Blackwell Scientific, Oxford.

Olivera M, Duivenvoorden J, Hooghiemstra H (2009). Pollen rain and pollen representation across a forest-parano ecotone on nothern Ecuador. Review of Palaeobotany and Palynology, 157, 285 - 300.

Phuphumirat W, Mildenhall D, Purintavaragul C (2009). Pollen deterioration in a tropical surface soil and its impact on forensic palynology. The Open Journal of Forensic Science, 2, 34 - 40.

Robertson J, Grieve M (1999). Forensic Examination of Fibres. Taylor & Francis, London.

Sandiford A, Alloway B, Shane P (2001). A 28 000 - 6 600 cal yr record of local and distal volcanism preserved in a paleolake, Auckland, New Zealand. New Zealand Journal of Geology and Geophysics, 44 (2), 323 - 336.

Sandiford A, Newnham R, Alloway B, et al (2003). A 28 000 - 7 600 cal yr BP pollen record of vegetation and climate change from Pukaki Crater, northern New Zealand. Palaegeography, Palaeoclimatology, Palaeoecology, 201, 235 - 247.

Stanley E A (1992). Application of palynology to establish the provenance and travel history of illicit drugs. Microscope, 40, 149 - 152.

Traverse A (2008). Paleopalynology, 2nd ed. Springer, Dordrecht.

Walsh K, Horrocks M (2008). Palynology: its position in the field of forensic science. Journal of Forensic Science, 53, 1053 - 1060.

Wiltshire P (2006a). Hair as a source of forensic evidence in murder investigations. Forensic Science International, 163, 241 - 248.

Wiltshire P (2006b). Consideration of sometaphonomic variables of relevant to forensic palynological investigation in the United Kingdom. Forensic Science International, 163, 173 - 182.

Wiltshire P, Black S (2006). The cribriform approach to the retrieval of palynological evidence from the turbinates of murder victims. Forensic Science International, 163, 224 - 230.

第九章　藻类相关的法医学检验

克里斯托弗·R. 哈迪　博士，约翰·R. 华莱士　博士

藻类和其他水生植物是各种水体如溪流、湖泊、河流和海洋中的初级生产者，占了水生生态系统生物量的绝大部分。水生生态学专家早就认识到，藻类是水生生态系统的根基所在，并且其在水质监测中也扮演了重要的角色。正是由于藻类在生态系统中的基础性地位，法医学专家才会探索它们在案件侦破中的作用。由于藻类在水生生态系统中所占的突出地位和普遍性，一些人或物体因为意外入水或发生与水体相关的犯罪，即使只是短暂接触水体，也可能有藻类进入内部或附着其上。某些特殊类型的藻类也能生长在陆生环境中，如背阳面的树皮、房屋外墙或土壤中。正是因为藻类在自然界中分布极为广泛且在生态系统中的作用非常重要，因此植物学专家能借助藻类为相关案件的侦破提供重要线索。

寻找藻类专家进行鉴定

正如本书第一章所讨论的，目前真正从事法医植物学研究与实践的专家数量非常少，因此其他相关的植物学专家如植物分类学家、植物生态学家等，只要接受过相关培训就能协助警方进行法医植物学调查。但是，大多数的植物分类学家和植物生态学家都从事的是陆栖高等植物的研究，对于涉及藻类的案件可能没有相应的知识和技术储备。因此，寻找藻类专家协助进行藻类鉴定可能需要先确定鉴定目的，再联系藻类学家、藻类分类学家、水生生物学家、淡水/海洋生态学家等。上述的各类生物学专家通常任职于学校或研究机构，如大学或自然历史博物馆。许多意外事故或犯罪都发生在水体的周围，由于破案的窗口期有限，因此强烈建议警方和其他相关调查机关就近寻求相关专家机构的协助。

藻类的生态多样性和生物学一般信息将在下面的藻类多样性部分进行详细介绍，更多相关信息可以参阅格拉汉姆和威尔考克斯（Graham 和 Wilcox，2000）、史（Sze，1998）以及李（Lee，1999）的论文。最经典的藻类分类鉴定是帕尔默的著作（Palmer，1959）。尽管帕尔默的著作已经有 50 多年的历史

了，但该书图文并茂，列举的鉴定指针足以识别许多不同群体的藻类。举例而言，这本书完全能够满足大部分犯罪现场采集到的藻类植物种属鉴定的需要。此外，帕尔默的著作也提供了不同的水体（如湖泊、水库或海洋）或水质（如清洁或污染）中特征性的藻类群落。比帕尔默更近一点且更详细的淡水藻类分类指南是由迪拉德（Dillard，1999）以及美国水工业协会（the American Water Works Association，2002）出版的，而考克斯（Cox，1996）发表了淡水硅藻分类研究，帕特里克和雷默（Patrick and Reimer，1966）则出版了《美国硅藻》一书。此外，波拉宁（Pollanen，1998）出版了专门的溺死者尸体内发现的各类硅藻图片与相关文字描述。

不依靠分类学指针或形态学分析而是基于 DNA 的藻类种属鉴定方法不在本章节的讨论范围之内。关于该类方法，请读者参阅本书第五章中相关部分。本章中讨论的分类方法通常适用于大部分含有叶绿体的藻类，这种方法与使用叶绿体基因组 DNA 来鉴别藻类种属在本质上是一致的。与 DNA 分析一样，避免样本被其他藻类污染是非常重要的，因为使用 PCR 法扩增 DNA 后再进行序列分析是非常灵敏的。

藻类生物学多样性

不同藻类的形状、大小以及颜色千差万别，因此对藻类的这种多样性有一定的了解才能确保不会在相关犯罪现场勘验时错过一些潜在的有用证据。

单细胞藻类

单细胞藻类（unicellular algae）往往十分微小，因此对于大多数现场勘验人员和罪犯来说几乎是“隐形”的，但该类藻类却是所有水生生物中最丰富并且分布最为广泛的。因此可以认为几乎所有的水中物品或尸体，或是曾与犯罪/意外事故现场中的水体有过接触的嫌疑人都会被黏附单细胞藻类，即使这些藻类是无法用肉眼看到的。淡水环境（如池塘、湖泊、溪流和河流）中的单细胞藻类主要包括硅藻、小球藻、衣藻、眼虫和鞭毛藻类，而海水环境中硅藻和甲藻比较多（图 9.1）。

丝状藻类

丝状藻类（filamentous algae）是多细胞藻类，但这些细胞仅仅只有无分支或有分支的丝状体作首尾连接（图 9.2）。丝状藻类在水生生态系统中十分丰富，其通常会在池塘或湖泊的表面聚集形成绿色或蓝绿色簇状漂浮物。还有

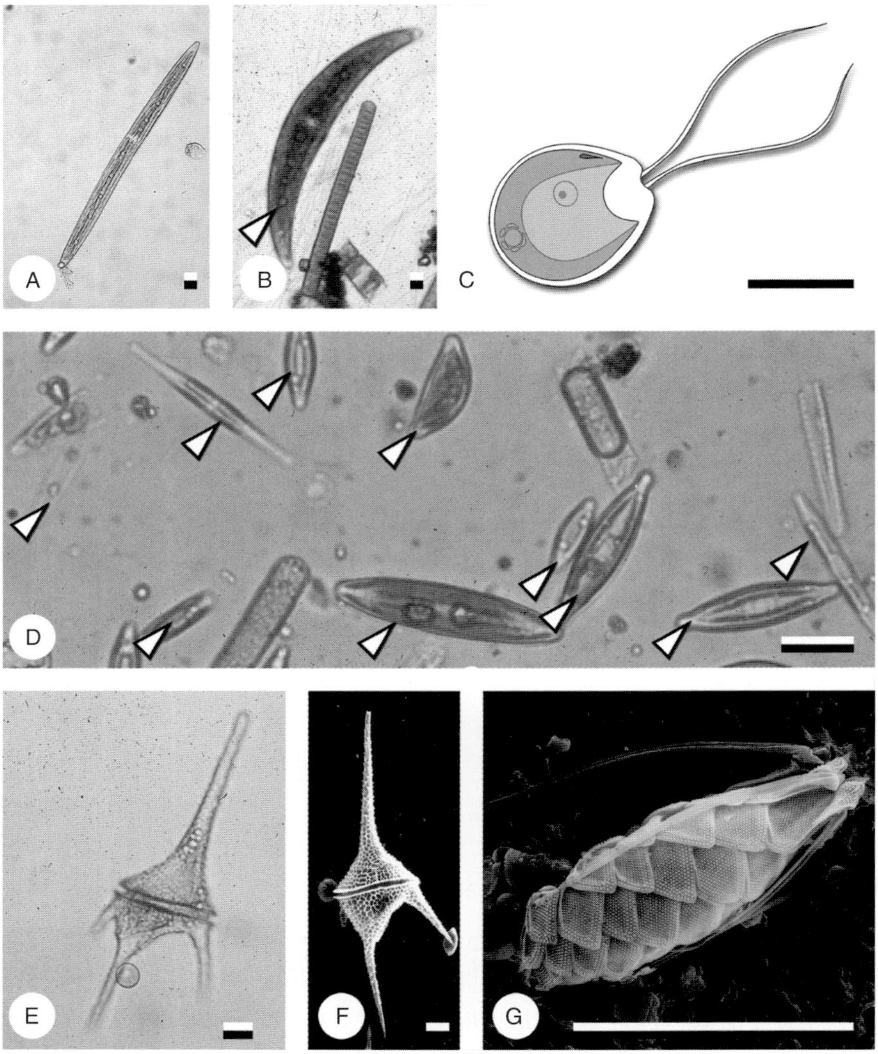

图 9.1 单细胞藻类是单个细胞的微生物，图中比例尺＝10 μm。图 A 和 B：新月藻属（*Closterium sp.*）是一类常见的淡水绿色藻类，尤其是在富含营养成分的水域（均为光镜照片）。图 C：衣藻属（*Chlamydomonas sp.*）也是一类常见的淡水绿色藻类，能够借助两个鞭毛的摆动在水中运动（均为光镜照片）。图 D：美国宾夕法尼亚州兰开斯特县一条小溪里的各种淡水硅藻（均为光镜照片）。图 E 和 F：美国宾夕法尼亚州（E）和佛罗里达州（F）淡水池塘内的角藻属（*Ceratium sp.*）（E 为光镜照片，F 为 SEM 照片）。图 G：美国佛罗里达州淡水中的鱼鳞藻属（*Mallomonas sp.*，SEM 照片）（照片 F 和 G 由佛罗里达州立大学生命科学教研室爱克辛萨拉・K. S. K. 普拉萨德提供，照片 B、D 和 E 由詹姆斯・C. 帕克斯提供）

一些丝状藻类有一些短丝，它们大量附着在水下的岩石等物品表面形成类似草皮一样的覆盖物。由于藻类往往有好几种不同的颜色，因此犯罪嫌疑人所穿的衣物上沾染的绿色、红色、褐色斑点或斑块都可能是嫌疑人在接触水体时沾染的丝状藻类。即使衣物上没有明显的有色斑点，单个丝状藻类形似动物的毛发，容易被犯罪嫌疑人忽视，因此法医可以在显微镜下对这些可能是丝状藻类的潜在证据进行进一步检验。

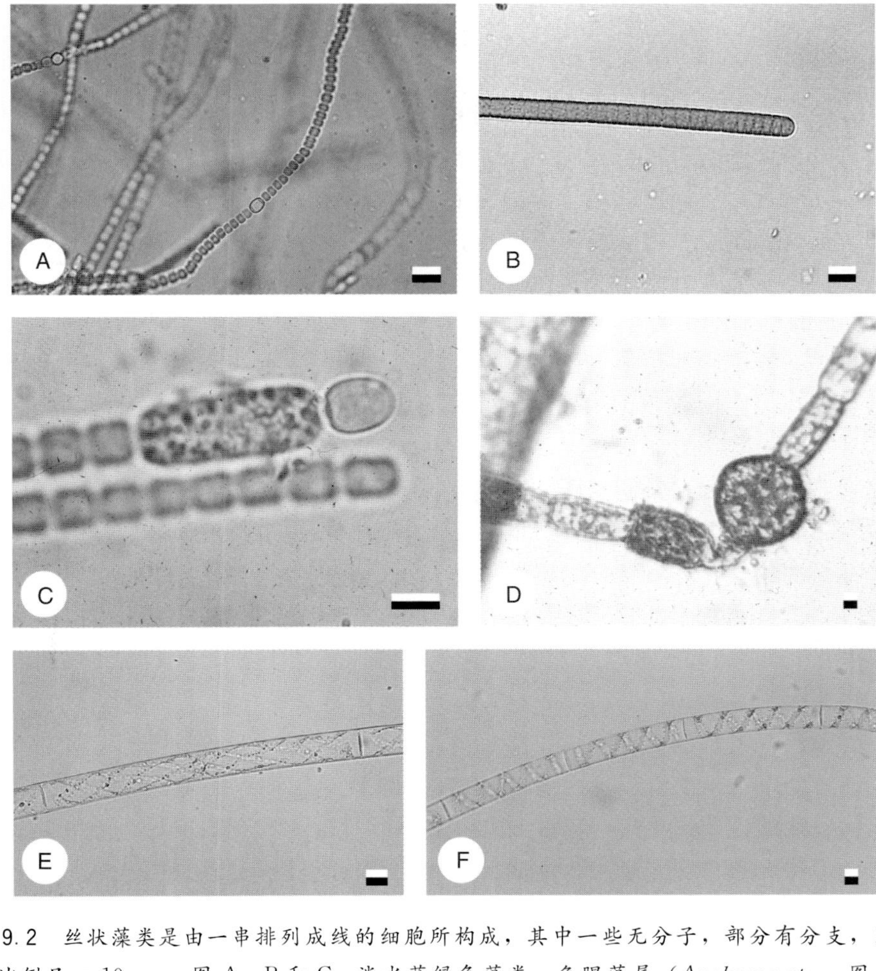

图 9.2　丝状藻类是由一串排列成线的细胞所构成，其中一些无分子，部分有分支，图中的比例尺= 10 μm。图 A、B 和 C：淡水蓝绿色藻类，鱼腥藻属（*Anabaena sp.*，图 A）、颤藻属（*Oscillatoria sp.*，图 B）和筒孢藻属（*Cylindrospermum sp.*，图 C）。图 D、E、F：淡水绿藻鞘藻属（*Oedogonium sp.*，图 D）和水绵属（*Spirogyra sp.*，图 E 和 F）（照片 C、D 由佛罗里达州立大学生命科学教研室詹姆斯 · C. 帕克斯与爱克辛萨拉 · K.S.K. 普拉萨德提供，照片在 B、D 和 E 由詹姆斯 · C. 帕克斯提供）

大型藻类

与丝状藻类和单细胞藻类相比，大型藻类有各种更加复杂的结构，而且它们的单个个体通常都是肉眼可见的（图 9.3)。淡水中的大型藻类主要包括鞘毛藻属（*Coleochaete sp.*）和轮藻纲（stoneworts)，海洋和河口水域的大型藻类主要是海白菜、岩藻、爱尔兰藓、马尾藻（*Sargassum* sp.）以及许多不同种类的海带等。在海洋水体中生长的这些大型藻类通常被称为“海藻”。

绿藻、红藻、褐藻、金棕藻和蓝藻

绿色、红色、褐色、金棕色和蓝绿色是藻类最常见的颜色（图 9.3)。虽然所有的藻类都含有能够进行光合作用的叶绿素，但每大类都含有独特的色素，因此呈现出不同的颜色。藻类分类学家根据这些独特的辅助色素以及其他细胞特征就能鉴定下述各种藻类的正式种属。

硅藻是一类含有墨角藻黄素并且拥有硅质细胞壁（Sze，1998；图 9.1D 和图 9.4）的单细胞藻类，属于金棕藻一类，包括至少 5000 个不同的种类。某些硅藻是一群细胞共生形成的（图 9.4F)。与硅藻在形态和生物学特点上类似的是金藻，但它们仅仅只有硅质鳞片覆盖而不是细胞壁完全硅化（图 9.1G；Sze，1998)。硅藻的细胞壁（称为硅藻外壳）通常分为两瓣，这两瓣可以像一个礼物盒一样扣合在一起（图 9.4A 和 C)。硅藻外壳的扁平面通常是中心对称（图 9.4A～C 和 G）或轴对称（图 9.4D 和 E）的，并且表面分布了大量具有种属特异性的气孔和线纹，这些特殊结构可以在光学显微镜或扫描电子显微镜下观察到。虽然有小部分硅藻生活在土壤中，但大多数的硅藻都是水生的（淡水或海水)。它们和其他水生植物一起生活在水面以下，如潮间带的沙滩或浮游生物层（Pollanen，1998；Sze，1998)。硅藻是法医学检案中最常用的一种藻类。它们在各种不同的生境中均有大量的分布，常常出现在与水有关的犯罪现场或意外事故现场，因此可以作为潜在的微量物证。此外，硅藻坚硬且耐酸、耐腐败的硅质细胞壁可以在自然状态下保存非常长的时间，即使在硅藻细胞已经干化、死亡甚至进入人体内脏和消化道内，这些硅藻外壳仍然能保留其种属特异性鉴定指针。

图 9.3　大型藻类的主体部分通常是肉眼可见的。生长在海洋中的大型藻类被称为海藻。图 A：主要成分为褐藻（岩藻，墨角藻属 *Fucus sp.*）和红藻（红皮藻，海百合科 *Palmaria*）的混合物，采集自美国缅因州海岸岩滩潮间带。图 B：主要成分为红藻和绿藻的混合物，采集自美国弗吉尼亚州瓦勒普斯岛入口浅滩的拖网上。图 C：一种红藻海囊（红囊藻属 *Halosaccion sp.*），采集自加拿大不列颠哥伦比亚的温哥华岛沿岸潮间带。图 D：褐色马尾藻属海藻（*Sargassum sp.*）被冲上加勒比海阿鲁巴岛的海岸上。图 E：棕色海藻——海带的一种（海囊藻属 *Nereocystis sp.*）被冲上加拿大不列颠哥伦比亚的温哥华海岸。图 F：巨型海带（巨藻属 *Macrocystis sp.*）生长在加拿大不列颠哥伦比亚的温哥华尤克卢利特入口海面下。图 G：海莴苣（石莼，绿色海藻），采集自美国弗吉尼亚州的瓦勒普斯岛入口处浅水拖网中。图 H：硬毛藻属（*Chaetomorpha sp.*），采集自加拿大不列颠哥伦比亚的太平洋沿岸潮间带（照片 A、C、E、F 与 H 由詹姆斯·C. 帕克斯提供。照片细节请参阅彩页部分）

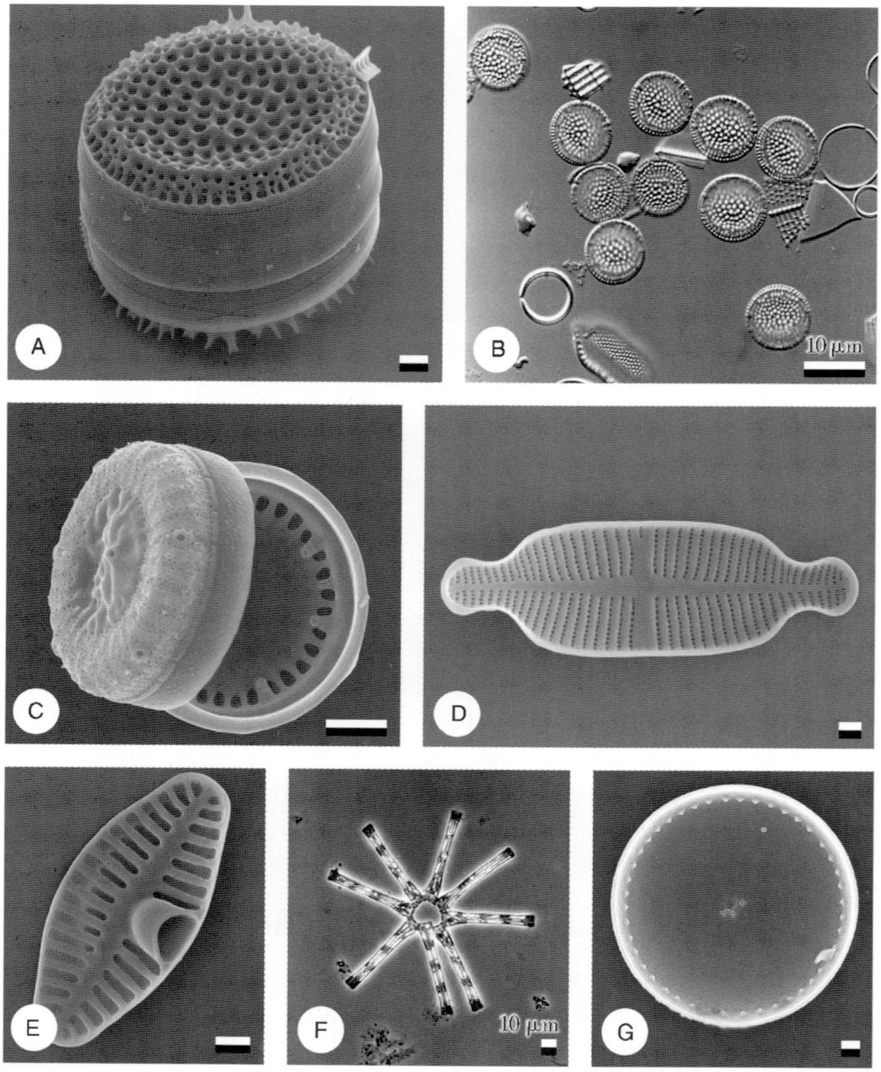

图 9.4 硅藻的形状多种多样，并广泛分布于各类生境中。图中的比例尺＝1 mm。图 A～C：一些北美东南部沿海水域的海洋硅藻（A 和 B 是海链藻属 *Thalassiosira cedarkeyensis*，C 为小环藻属 *Cyclotella choctawhatcheeana*）。图 D～G：一些北美东南部淡水硅藻丛（D 为 *Acanthidium exiguum*，E 为曲壳藻属 *Planothidium lanceolatum*，F 为美丽星杆藻 *Asterionella formosa*，G 为威氏海链藻 *Conticribra weissflogii*）（图 A、C、D、E 和 G 为 SEM 拍摄，图 B 和 F 是微分干涉差与相差显微镜拍摄。所有照片均由佛罗里达州立大学生命科学教研室爱克辛萨拉 · K. S. K. 普拉萨德提供）

绿藻是自然界中数量最多、物种多样性最丰富的藻类，全球有 7500 余种。绿藻所含的色素与陆生植物相似，主要包括叶绿素和 β－胡萝卜素等，因此显示出人们印象中陆生植物那样的绿色。虽然类胡萝卜素通常是黄色或橙色，但绿藻所含叶绿素的绿色掩盖了这种橙黄色，因此只显示出绿色。绿藻在所有类型的水体中均有广泛分布，其形态多种多样，从单细胞藻类（图 9.1A～C）和丝状藻类（图 9.2D～F）到大型藻类（图 9.3G、H）都有。

红藻大部分是海藻，全球有 5000 余种（图 9.3A～C）。红藻的红色来自于其所含的藻胆素，掩盖了叶绿素的绿色。爱尔兰藓（皱波角叉菜 *Chondrus crispus*）是一种比较常见的红藻，它们大多生长在北美和欧洲的大西洋沿岸潮间带的岩石上。许多商业公司都在开发这种藻类及其近似物种，因为它能产生大量多糖、角叉菜胶和琼脂。角叉菜胶作为增稠剂、稳定剂，广泛使用于各种乳制品，如冰淇淋和巧克力牛奶中。琼脂是一种增稠剂或固化剂，可以作为食品明胶替代品，也可用于冰淇淋和果冻的生产。此外，琼脂还可制成凝胶，用于 DNA 分析、诊断或进化相关的分子生物学研究。

全球有 1500 余种褐藻，其中大部分也是海藻，如海带、岩藻和马尾藻等（图 9.3A 和 D～F）。褐藻的棕色来自其所含的墨角藻黄素。褐藻中的许多物种如海带是可食用的，此外还能提取用途类似角叉菜胶的褐藻胶，因此有许多商业公司也在围绕着海带进行产业开发。

腰鞭毛虫全球有 3000 种以上，其中大部分是微观的单细胞海洋浮游生物，也有一些生活于淡水池塘、湖泊和沼泽中。腰鞭毛虫的细胞具有十分独特的形状，其外表通常覆盖有称之为“孢子膜”的纤维素甲片（图 9.1E 和 F，图 9.5）。典型的腰鞭毛虫有明显的纵沟和横沟，有自纵沟伸出的纵鞭毛和绕横沟运动的横鞭毛。依靠鞭毛的摆动，腰鞭毛虫能够向着光和富营养的区域游动。腰鞭毛虫是很有趣的一群生物，只有大约一半属于能够进行光合作用的浮游植物，而其余的都是以其他浮游生物为食的无色浮游动物。能进行光合作用的腰鞭毛虫【译者按：即甲藻】是沿海水域中最重要的初级生产者。腰鞭毛虫也会产生出不能运动的单细胞，这种细胞称为“不动孢子”，是它们生命周期的一部分。腰鞭毛虫的不动孢子具有独特的带刺细胞壁突起，内部有红染的细胞结构。不动孢子可能休眠数月或数年，会在水体底部的泥沙中积累，最后变成水底沉积物的一部分。腰鞭毛虫数量庞大并且对干燥和腐败具有极强的耐受性，因此有望成为案件侦破过程中潜在的高价值微量物证。不过，腰鞭毛虫中的部分物种会定期在沿海水域形成赤潮——因为该类腰鞭毛虫种群密度极高时，海水会显示出鲜艳的赤红色。赤潮往往伴随着绚丽的生物发光现象，并且常常带有大量毒素，会引起大量海洋动物死亡，继而导致海滩关闭和停止捕鱼。被赤潮中所含毒素污染的贝类会产生大量神经毒素，误食后会引起疾病甚至导致人死亡。

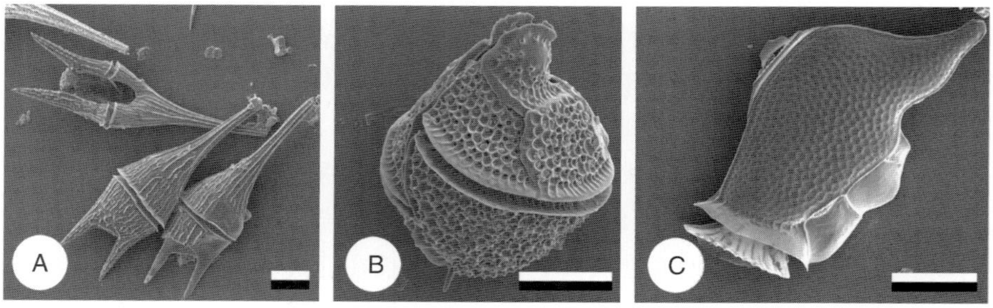

图 9.5 腰鞭毛虫有多种类型，图中的比例尺＝20 mm。A 为羊角角藻（*Ceratium hircus*），B 为膝沟藻属（*Gonyaulax sp.*），C 为具尾鳍藻尖形变种（*Dinophysis caudata var. acutiformis*）。以上三种均采集自北美东南部的沿海水域（扫描电子显微图均由佛罗里达州立大学生命科学教研室爱克辛萨拉·K. S. K. 普拉萨德提供）

蓝绿藻，也称为蓝藻或蓝细菌，全球有至少 1500 种，实际上是一种能够进行光合作用的细菌。它们广泛分布于世界各地的淡水和海洋环境中。蓝藻有多种类型，从单细胞或丝状（图 9.2 A～C）到片状或小型群落（图 9.6），单个细胞间依靠它们分泌的凝胶样的基质相互连接。池塘表面的许多蓝绿色丝状

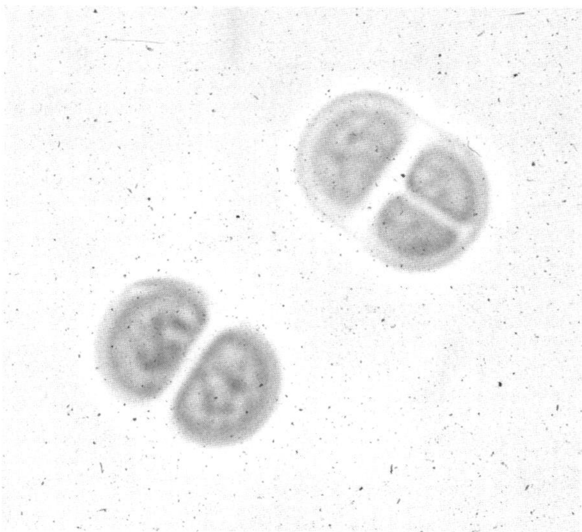

图 9.6 图示为蓝藻门的组囊藻属（*Anacystis sp.*）群落，由嵌入到凝胶样基质中的两个到数个细胞所组成，和图 9.2 A～C 的丝状藻类有显著的差别

和片状藻类，通常是鱼腥藻属（*Anabaena sp.*，图 9.2A）、鞘丝藻属（*Lyngbya sp.*）或颤藻属（*Oscillatoria sp.*，图 9.2 b）。许多蓝藻能产生强大的皮肤毒素、神经毒素或肝毒素，这些毒素能使摄入或接触赤潮的人类和牲畜生病甚至是死亡（Hayman，1992；Codd 等，1999；Falconer 和 Humpage，2006）。蓝藻毒素也被证明是某些数十年来一直不明根源的神经退行性疾病的病因（Cox 和 Sacks，2002）。

藻类证据在案件侦破中的应用

在案件侦破过程中，藻类证据可能以下述四种方式提供帮助：①独特的藻类物种或群落可以将犯罪嫌疑人本身或其身上携带的某个物品与某个水体相关的犯罪现场或水中物证（例如一支在水中的枪支）联系起来；②根据尸体内部器官中藻类的有无推断死者是否为溺水死亡，根据硅藻的群落组成与丰富度可以推断入水的地点；③确定人或家畜中毒死亡与食物、水或者游泳的水体中有毒藻类和藻类毒素间的因果关系；④根据溺死哺乳动物尸体上藻类群落演替与生长情况推断溺死时间（post-mortem submersion interval，PMSI）。

将犯罪嫌疑人和某个水体相关的犯罪现场或物证联系起来

犯罪现场中或周围有水体是很常见的。例如，凶手在杀害了被害者后抛尸入水在法医学实践中并不少见。凶手这样做的目的可能是让死者看起来像是溺水而亡或是希望毁尸灭迹。同样，有些作案工具也常常被犯罪分子扔进河流或湖泊中以防止它们被发现后成为呈堂证供。此外，由于游泳、醉酒、照料疏忽或鲁莽所造成的溺水意外死亡也时有发生。其他一些在水体附近也会偶然发生犯罪，例如抢劫者可能会在无人的海滩附近蹲守抢劫落单的路人。

在这种情况下，如果犯罪嫌疑人的衣物、车辆或身体上黏附的硅藻与犯罪现场或抛弃物证（如枪支）的水体相一致，则可以证明犯罪嫌疑犯到过犯罪现场。此外，由于许多水生植物、藻类以及其他植物繁殖体只在每年的特定时间出现，因此植物证据可以将犯罪嫌疑人与在特定的地点以及特定的季节发生的犯罪相联系起来。需要注意的是，无论在什么情况下，都切忌只以单一一种藻类的存在与否来判断犯罪嫌疑人是否到过某个特定的犯罪现场。藻类证据正确的使用方法是根据多种不同的藻类组成【译者按：即藻类群落】来判断犯罪嫌疑人是否到过犯罪现场中或现场附近的某个特定池塘或河流。不过特定的藻类组成有时可能无法限定于某个特定的地点，而只是指向一种特殊的水体，例如更倾向于淡水还是海水？是溪流还是池塘？是下水道生活污水还是工业废水等

（Siver 等，1994）。

案例 1－A

一个广为人知的案例就是美国康涅狄格州诉约翰·C. 霍普林格案。在该案中，当事人被指控在 1982 年 5 月 7 日上午使用钝器击打他的妻子头部导致其死亡（Pagliaro，2005：179）。州警方通过霍普林格先生的湿 T 恤上黏附的丝状藻类将他和一直藏在附近一个池塘中的作案凶器联系了起来。在发现 T 恤上的藻类之前，霍普林格先生极力否认谋杀的指控，并称肯定是一个未知的攻击者在他家中或家门外杀害了他的妻子。当警方在附近的池塘里发现了一块黏附有霍普林格夫人血迹和毛发的砖头并确认这就是作案工具后，霍普林格先生仍然否认与之相关。当警方询问为什么霍普林格先生的 T 恤是湿的时，他声称在发现了妻子的尸体后不小心沾上了血迹，所以用自来水冲洗过。康涅狄格州法庭科学实验室使用扫描电镜检查了 T 恤上可见的绿藻沾染痕迹，发现这种丝状绿藻与抛弃作案工具的池塘水体中的藻类完全一致。检察官和陪审团最后确认霍普林格先生实际上是将作案工具抛弃到池塘里后顺便在池塘里清洗了他的染血 T 恤。

案例 1－B

1992 年 5 月，三个十几岁的少年因为在 1991 年 7 月参与暴力抢劫并企图杀害两个在美国康涅狄格州乡间池塘钓鱼的年轻男孩而被判处重罪（Siver 等，1994）。在偷走了两个被害人的自行车后，三个少年用胶带捆绑被害人并用棒球棒打他们，最后还将他们扔到了池塘里。其中一个被害人设法脱困后救起了他的朋友，并向附近的邻居求救。警方进行快速调查后将这三个少年逮捕。警方将他们所穿的鞋子与被害人以及犯罪现场中的藻类组合进行了比较。康涅狄格大学实验室对相关证据进行的硅藻检验分析显示，三份样本中所含有的主要硅藻以及金藻种类、种群组成比例完全一致。基于藻类证据以及其他相关证据，法庭认为这三个少年犯罪嫌疑人有罪并判他们长期监禁。

确认死者是否为溺死以及入水地点

硅藻是一种微型生物，在自然界中几乎所有水体中广泛分布。当人因意外或被动溺水时，通常都会猛烈地吸入或咽入一些水。如果是在自然水体中溺水，则溺液中必然含有硅藻（图 9.7）。由于溺水者猛烈的呼吸会导致肺部毛

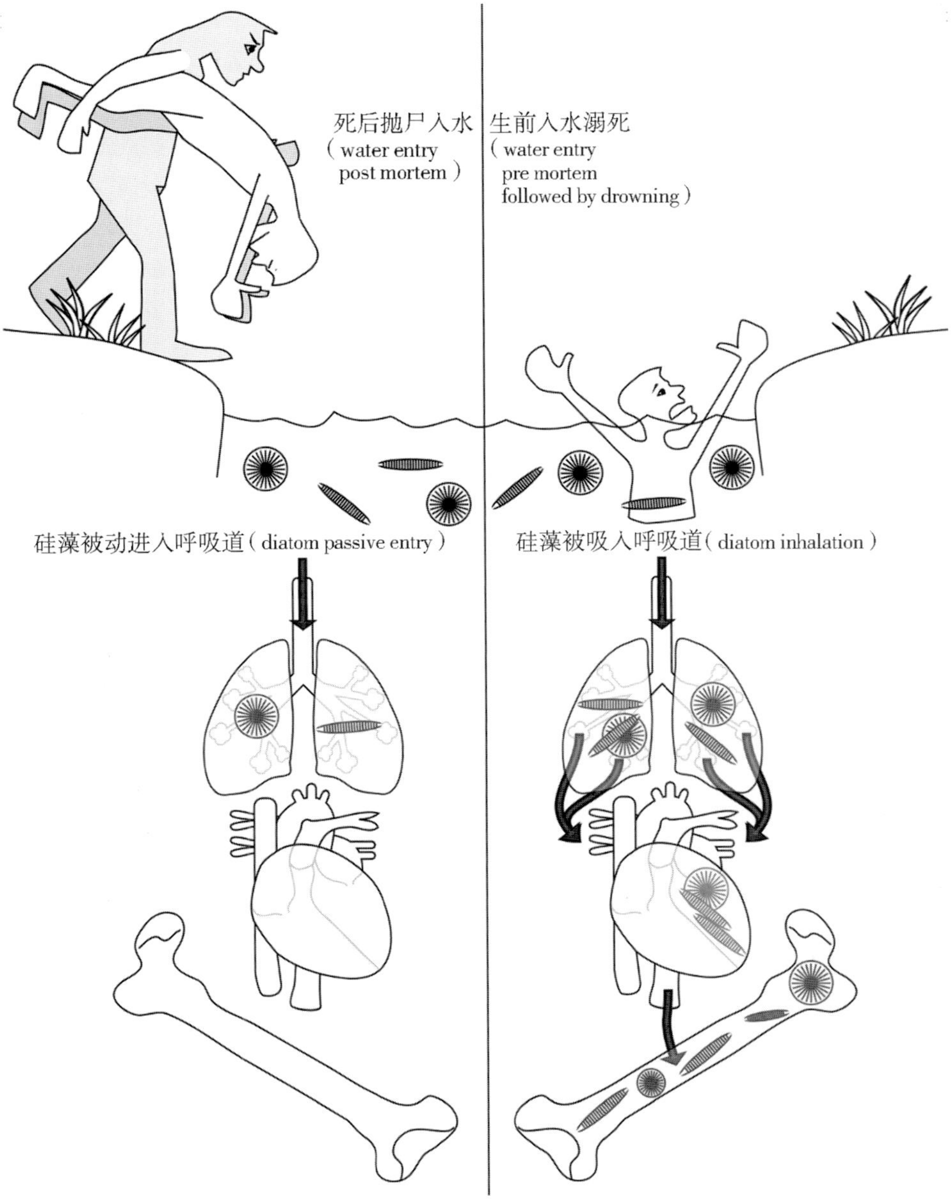

图 9.7 溺水的硅藻实验基本原理

在跳动，溺液中的硅藻就会顺着血液循环进入体内各个器官（Timperman，1972；Pollanen 等，1997；Pollanen，1998；Keiper 和 Casamatta，2001；Aggrawal，2005）。如果是死后被抛入水中的尸体，水中的硅藻可能会因水压进入肺部，但一般不会进入血液循环中。在这种情况下，即使肺部毛细血管有破裂，硅藻进入到血液循环中，由于心脏不跳动，所以硅藻也不会被运送到其他组织和器官（图 9.7)。虽然有报道在非溺死者的内脏器官中也能发现极少量的硅藻，但硅藻的丰富度通常很低，明显是抛尸于非水体环境中，例如某些死者生前曾经接触过硅藻土（古代硅藻沉积物)。硅藻土常用于制作牙膏、金属抛光、磨砂和家庭害虫防治产品的研磨材料或吸附材料（Yoshimura 等，1995；Pollanen，1998：6)。标准的溺死确认实验是使用强酸将疑似溺死者的完整股骨进行消化，然后在残留物中搜寻是否有硅藻。尽管其他器官如肝、肾或大脑都可以作为检材，但股骨的骨髓是最准确的，因为股骨的骨髓高度密封，杜绝了其他外部来源的可能【译者按：例如上述的硅藻土】。如果在死者的各个内脏器官中都发现了硅藻，则有可以确认死者是溺水而亡。在确认溺死后，下一步的调查重点如下：①入水地点在哪儿？②该溺水属于意外、自杀还是他杀？③尸体入水多久了（Aggrawal，2005)？绿藻也可以用于类似的检测中用以确认溺死，但使用不太广泛（Yoshimura 等，1995)。

波拉宁（Pollanen，1998）讨论了死者股骨的骨髓中硅藻与溺水的水域中硅藻群落相一致的重要性，认为至少有好几种硅藻匹配才能支持溺死的诊断。波拉宁的研究显示，通常只有较小的硅藻（直径 10～50 mm）才能顺着血液循环进入溺死者的内脏器官，因此死者股骨的骨髓内的硅藻种类通常少于溺水的水域。除了支持溺死的诊断，死者内脏器官中一些独特的硅藻种类组合可以提示入水地点，继而能够确认尸体是否在水体中发生了移动（Ludes 等，1999)。一般而言，淡水的硅藻种类组成与海洋或河口水域完全不同，水体所含营养水平、水体温度和水流的流速等差异也会对硅藻种类组成有一定的影响（Siver 等，1994)。在一个对已知淡水河段中 20 具因意外或者自杀溺水死亡尸体的研究中，死者的各个器官中提取到的硅藻相对丰富度以及主要硅藻种类组成与溺水的水域基本一致，各内脏器官间的情况也是大同小异（Ludes 等，1999)（图 9.8)。因此，死者内脏器官中独特的硅藻群落组成可以帮助刑侦人员确定溺水的地点。霍利曼等（Hürlimann 等，2000）在卢德斯等研究的基础上提供了几种相当有用的统计分析方法。

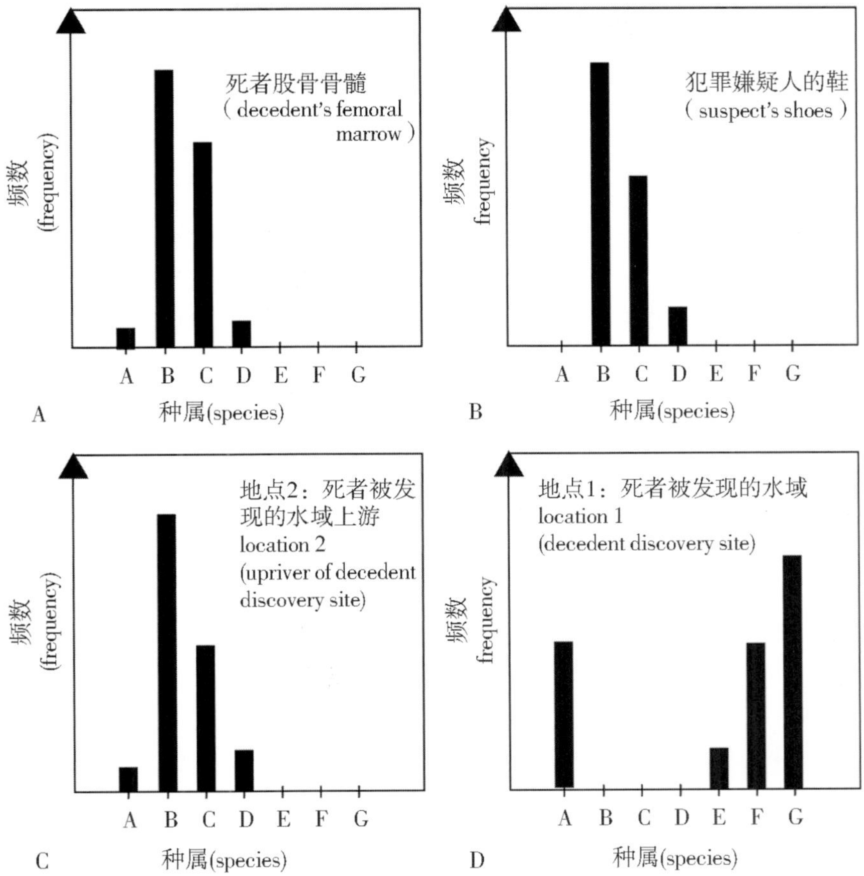

图 9.8 对于疑似扼死后抛尸入水的情况，需要对尸体进行硅藻检验。在该案例中，溺水者的尸体在一条河中的地点 1（D）被发现，尸体检验可见颈部有明显的扼痕。由于水流的作用，死者的尸体被发现的地点并不一定是实际发生溺水的地点。在该案例中，溺水者的股骨骨髓中（A）与疑似入水地点 2（C）的硅藻种类组成之间的匹配程度远高于尸体被发现地点（D）。同样，犯罪嫌疑人身上黏附的（B）硅藻种类组成与溺水者的股骨骨髓也是较为接近的

案例 2 - A

亚格洛沃（Aggrawal，2005）报道了一例在印度发生的案件，在该案中硅藻成为了证实死者是溺水死亡的关键证据。1992 年 2 月 6 日，群众在距离希萨尔县法里达巴德大约 350 km 的巴德克哈尔湖里发现了一具年轻女子的尸体。在 3 天前，她和丈夫探望了他们在法里达巴德附近的亲戚，随后失去了联系。死者的丈夫很快被怀疑与她的死亡有关系，因为有群众称他最近曾经指责死者对他不忠，并且打了她好几次。此外，可能出于罪恶感，丈夫从法里达巴德回家后没有将妻子已失踪的情况向警方报案。直到几天之后，当邻居和警方来询问他妻子的情况，他才告诉邻居和警察，之所以不报警是因为他认为妻子与她的情人私奔了，所以他不再关心妻子的下落。然而，湖中打捞起的尸体的腐烂程度分析表明，该女子的尸体只在水中浸泡了 3 天。警方实验室对死者的股骨骨髓进行了硅藻检验并确认了溺水死亡的诊断。藻类证据在该案中仅证明了死者是死于溺水，但也间接减小了死者的丈夫杀害了她的可能性。事实上，极少有成人被动溺水死亡的凶杀案发生，因为成年人除非在他们被绳索捆绑、失去知觉或被麻醉的情况下，否则在被拖入水中时一定会剧烈地反抗。尸检结果显示，该女子的尸体并没有明显的扼颈、捆绑或麻醉迹象。因此，负责该案的刑侦人员最后认为死者自杀的可能性最大。

案例 2 - B

波拉宁（Pollanen，1998：115）报道了一例发生在哈德逊河的谋杀。在该案中，纽约警方根据硅藻检验结果确认了一个 63 岁的男人谋杀了他的 58 岁同居女友。1996 年 5 月，该男子女友的尸体在哈德逊河的纽约州阿尔斯特县河段被人捞了上来。尸检结果显示，该女子尸体的颈部损伤符合扼死特征，并且在死者的血液里检测出了超标的苯海拉明成分。实验室使用硝酸消化法提取并检验了死者股骨骨髓中的硅藻成分，并与哈德逊河内以及死者浴缸内的硅藻群落进行了对比。结果显示，她并非在凶杀案件中常见的浴缸中溺死，而是在河中溺死。根据死者股骨骨髓中的硅藻加上颈部扼压损伤情况，警方认为扼压颈部和溺水是该女尸的联合死因。面对这些证据，该男子的侄子作为污点证人指证该男子以交换豁免权。其侄子供述，犯罪嫌疑人当时下药将被害人麻醉后再抛入哈德逊河。但是被抛入河中后，被害人突然恢复意识，于是犯罪嫌疑人下水将被害人扼死了。根据其侄子供述的证词，警方找到了精确的作案地点，并找到了犯罪嫌疑人在作案后抛弃的钱包、手表和鞋子。使用蒸馏水清洗这些物品并使用硝酸消化后，洗液中的硅藻群落组成与犯罪嫌疑人作案的哈德逊河段水体相一致。

藻类毒素中毒诊断

尽管大多数藻类没有毒性，但某些种类的蓝藻和腰鞭毛虫能产生不同类型的生物毒素，引起人类和动物疾病甚至死亡。藻类毒素引起的中毒并不常见，尤其是人类中毒，因此一般不属于犯罪性质。不过，法医植物学家、验尸官、刑侦人员应该了解在什么情况下可能会发生藻类毒素中毒。

在淡水环境中，主要的有毒藻类主要是能产生肝毒素、神经毒素或皮肤毒素（统称为蓝藻毒素，cyanotoxins）的某些蓝藻（Lee，1999；Graham 等，2010）。这些蓝藻毒素在发生水华时才会达到有害浓度。水华是某些藻类从水体附近的高尔夫球场草坪、土壤肥料等源头吸收了大量的营养物质后，待温度和光照适宜时爆发性增长并覆盖广阔水面的现象。农民和兽医通常比其他人更熟悉水华的潜在危害，因为牲畜或家禽往往在喝了被水华污染的水后发生疾病或死亡（Francis，1878；Stewart 等，2006）。对于人类而言，淡水藻类毒素中毒的原因往往是在发生水华的水体中游泳或意外饮用了发生水华的水，更有罕见的是某些透析患者在进行透析治疗时使用了被藻类毒素污染的水。在调查某些病因不明的神秘疾病、皮疹或罕见的与神经或肝损伤相关的死亡案件时，如果目击者提到水库或游泳地点有绿色、棕色或蓝绿色的“脏东西”或“浮渣”，那么必须首先考虑蓝藻毒素中毒的可能性。由于产毒素的蓝藻通常也会产生有恶臭的无毒化合物，因此如果目击者称水体发霉或有土味，也也应该考虑蓝藻毒素的可能性（Graham 等，2010）。虽然这种情况通常优先考虑的是意外中毒，但显然相关企业或个人仍然应该承担水体污染的责任。

在海水环境中，产生毒素的藻类主要是腰鞭毛虫。尽管大多数腰鞭毛虫是无害的，但产毒的腰鞭毛虫却能产生极其猛烈的神经毒素，称之为贝类毒素（saxitoxins）和膝沟藻毒素（gonyautoxins）（Gessner 等，1997；联合国粮食及农业组织，2004；Holstege 等，2011）。为了方便下文的讨论和未来可能发现更多种类腰鞭毛虫产生的毒素，本书将使用腰鞭毛虫毒素（dinotoxin）这一术语来作为腰鞭毛虫产生的所有种类的毒素的统称。在沿海地区，某些产毒腰鞭毛虫大量繁殖形成特殊的水华——赤潮，当毒素积累到一定程度后，就会导致附近海域大量鱼类死亡，而某些毒素也会蓄积在牡蛎、蛤蜊和贻贝等滤食性的贝类体内。因此，当赤潮发生后，政府通常会关闭海滩浴场和近海渔场，以防人们因食用这些蓄积了毒素的贝类而发生麻痹性贝类中毒（paralytic shellfish poisoning，PSP）或类似疫情。如果食用了这些含毒贝类，很快就会表现出 PSP 症状，如从嘴向四肢扩展的麻木感、眩晕、语无伦次、一般神经功能障碍、恶心、呕吐等，并可能导致膈肌麻痹和呼吸衰竭，最终导致患者在发病后几小时内就死亡（Gessner 等，1997；美国疾控中心，2011；Holestege 等，2011）。在 PSP 发病的早期阶段，受害者往往处于一种类似醉酒的状态。尽管美国食品和药物管理局要求所有在美国出售的贝类都必须经过检测，但 PSP 在人类食用了可能含毒的贝类后仍时有发生。这种情况往往是由于合法出售的毒素漏检的贝类或是非法销售未经检验的含毒贝类，或者是渔民自己捕捞后误食。美国疾病控制和预防中心的应急准备和响应指南将贝类毒素列为危险级别，其天然化学成分能够引起人类急性中毒（美国疾控中心，2011）。此外，由于贝类毒素可以作为潜在的致命性化学武器，因此联合国《禁止化学武器公约》也将贝类毒素列为第一级（Holstege，2011）。目前，由于腰鞭毛虫极易养殖且产生的毒素毒性剧烈，因此贝类毒素被认为是一个潜在的恐怖主义威胁。

案例 3－A

约基姆森等（Jochimsen 等，1998）报道了一起蓝藻毒素中毒事件。1996 年 2 月 17 日至 20 日，在巴西卡鲁阿鲁市透析中心接收血液透析治疗的 130 名患者中有 26 人因透析液被蓝藻毒素污染而死亡，而死亡的直接原因是肝衰竭。在剩下的 100 余人中，有 90 名患者也发生了急性中毒反应，但后来经治疗康复。根据酶联免疫吸附试验的结果，刑侦人员在透析液和患者的血浆以及肝组织中发现了微囊藻毒素。这种藻类毒素属于蓝藻毒素的一种，而中毒原因是透析所使用的蒸馏水提取自透析中心中一个发生了水华的蓄水池。微囊藻毒素是一种强烈的肝毒性毒素，通常由蓝藻门中的微囊藻属（*Microcystis sp.*）、鱼腥藻属、颤藻属和念珠藻属等产生（Stewart 等，2006）。对 26 个死者中的 16 个进行肝脏病理研究显示，死者的肝脏组织存在广泛的损伤和细胞坏死。该案例提醒，在进行透析治疗时，一定要使用非常干净的水源。

案例 3－B

2003 年《密尔沃基哨兵报》报道称，一个威斯康星州戴恩县 2002 年死亡的少年，经县验尸官检验确认是死于蓝藻毒素中毒引起的心力衰竭（Behm，2003）。2002 年 7 月，戴恩县两个男孩突然发生腹泻、急性腹痛、恶心和呕吐。在不到两天后，其中一个男孩，17 岁的戴恩·罗杰斯，发生了心源性休克后死亡。威斯康星－麦迪逊大学医学院对死者进行尸体检验后，只给出了急性心搏损伤后心搏骤停的诊断。实验室对尸体检材进行农药、寄生虫和其他病菌的检验结果均是阴性。然而在刑侦人员走访戴恩的朋友时发现，在戴恩死前 48 小时曾与他们一起在当地的高尔夫球场池塘游泳解暑。男孩们提到了戴恩和另一个发病的男孩在池塘中潜泳了不同长度的时间，并饮用了一些池塘的水。当时男孩们对池塘的描述是“肮脏”“有浮渣的”，这一点提示了刑侦人员戴恩的死亡可能与蓝藻水华有关，因为这类水华在高尔夫球场池塘和其他富营养化的水体中极为常见。事实上，后来实验室在两个中毒男孩的血液和粪便样本里发现了蓝藻门的鱼腥藻属水华束丝藻及其毒素——类毒素 a，而该毒素在死者戴恩·罗杰斯的体内达到了致命水平。然而，奇怪的是当刑侦人员于戴恩死亡两周后到池塘采集的水样中并没有发现蓝藻或蓝藻毒素。这可能意味着，在戴恩死亡到水华消失的这段时间里，蓝藻毒素自然降解了。不过，经过一年的多方调查，县验尸官最终确认了戴恩死于类毒素 a 中毒。

案例 3－C

格斯纳等（Gessner 等，1997）报道了一例于 1994 年发生在阿拉斯加科迪亚克的 PSP 病例，并详尽地描述了其从发病到康复的过程。一个健康的 28 岁男子在科迪亚克岛海滩上找到了一些贻贝，于是将其烤熟后食用，并喝了一些啤酒。1 个多小时后，该男子突然发生急性皮肤刺痛和麻木感，并伴有恶心和呕吐。发病 4 个小时后，患者出现了严重头痛伴咽后肿痛、吞咽困难以及共济失调，于是赶到了医院就诊。在 15 分钟内，患者已经发展到呼吸衰竭并依靠呼吸机维持生存。呼吸困难 4 小时后，患者陷入昏迷，医生考虑有脑死亡的可能性，但后来进一步诊断为 PSP。在诊断为 PSP 后，院方对患者进行了密集的脑死亡监测，并一直维持使用呼吸机直到患者体内的毒素完全清除、机体完全恢复。格斯纳等（Gessner 等，1997）在报道中强调了 PSP 诊断的重要性，因为某些地区因条件限制而缺乏相应的设备和专业知识来确认患者是否脑死亡，因此可能导致错误地终止生命支持。虽然该医院当时并没有对患者进行腰鞭毛虫毒素化验，但后续对涉事海滩上其他贻贝的检测发现其所含的腰鞭毛虫毒素浓度非常高。格斯纳等强调医疗工作者必须了解 PSP 的症状和应对方案，以避免虚假的昏迷或脑死亡诊断，并能正确及时地向公众发布附近水域有腰鞭毛虫毒素的警报。

溺水死亡时间推断

当尸体被发现时其死亡的环境或尸体最初的位置不明时，则死因与死亡时间（postmortem interval，PMI）的判断就相当重要了。如果死者的身份不明，那么死亡时间可以帮助划定失踪人口排查的范围。在谋杀或过失杀人案件的侦破过程中，死亡时间的确定为我们建立了一个犯罪嫌疑人在犯罪现场活动的时间范围。一般来说，根据尸体腐败情况的差异，死亡时间的衡量单位可以从几分钟、几小时到几年乃至几十年。

有许多物理的以及尸体本身的指标可以作为死亡时间推断的依据，例如发生在死后 24 小时内的尸斑、尸僵和尸冷等现象。但是，一旦死亡时间超过 24 小时，上述这些尸体现象就逐渐失去意义，因此其他一些长期的指标如尸体自溶的程度或腐败的情况就比较有用了，但本章节要重点讨论的并非这些常规指标。

在陆生环境中，嗜尸性节肢动物群落（尤其是昆虫）在最短死亡时间的推断中起到了极为重要的作用。关于嗜尸性昆虫与死亡时间推断的研究，法医昆虫学家已经进行了几十年的研究和实践。一般而言，在人死亡后，尸体上存在一系列相当规律的嗜尸性昆虫群落演替过程，各种不同昆虫的种属鉴定、幼虫生长发育情况以及群落演替情况都能为我们推算最短死亡时间提供参考依据，其推断的时间范围也可以从几分钟到几个月（Catts 和 Haskell，1990；Keiper 等，1997）。

在水生环境中，刑侦人员主要推断的是死后浸没时间（postmortem submersion interval，PMSI）。水体中发生的死亡案件，尸体会一直浸没在水中直到被人发现，这种情况下其死后浸没时间和死亡时间是完全相同的。如果死亡发生一段时间后尸体才被抛入水中，则其死后浸没时间和死亡时间不一致。不过无论是哪种情况，死后浸没时间的确定都可以用于凶杀案件的侦破中。借助推算死后浸没时间，可以确定一个犯罪嫌疑人曾经在某个水体附近、将死者溺死在水体中或将尸体抛入水体中的时间范围。如果死者的身份不明，推算出的死后浸没时间也可以协助划定失踪人口排查的范围。

目前，关于推断死后浸没时间的物理与尸体现象指标有很多，某些指标甚至能推算到浸没后一周。在淡水环境中，手指、手掌和脚部的皮肤通常在浸没 3 天左右起皱，并在浸没一周左右出现“手套”和“袜套”样皮肤脱落（Pollanen，1998：30；Aggrawal，2005）。然而与陆生环境不同的是，水生环境中的尸体上目前尚未发现与尸体腐败联系较紧密的嗜尸性昆虫群落演替现象。不过最近的一些研究显示，部分的藻类群落在水中哺乳动物尸体表面生长建群的情况可以用于推断死后浸没时间，其推算范围可以从几天、几周到更久（Keiper 和 Casamatta，2001；Haefner 等，2004；Zimmerman 和 Wallace，2008）。作为一种优秀的死后浸没时间推断指标，藻类群落（包括硅藻）有以下几个特点：①分布极其广泛，一年四季都有；②能够在浸没的尸体表面生长；③藻类在尸体表面建群以及藻类群落演替模式与陆地生态系统中的昆虫相类似，只不过比昆虫更加微小；④不同种类的藻类拥有不同的特定环境耐受性，因此在不同水体、水域中的藻类群落组成有独特性。以黑夫纳等人的研究（Haefner 等，2004）为例，浸没在淡水河流中的小猪尸体表面叶绿素 a 的浓度（藻类生长指标）与其死后浸没时间具有显著相关性。齐默尔曼和华莱士的研究（Zimmerman 和 Wallace，2008）显示，河口水域中浸没的猪尸上硅藻物种多样性也与其死后浸没时间具有显著相关性。该领域的后续研究重点在于确定不同季节、不同水体类型以及不同地点藻类繁殖能力或物种多样性的差异，以及这些差异对死后浸没时间推断的影响。由于目前这一研究领域还有许多暂时无法解决的问题，因此目前尚未应用于实际案件中。

犯罪现场勘验过程中藻类证据的采集与处理

藻类证据样本的具体采集流程主要取决于上一节介绍的不同应用需要、现场所处的生境差异以及采集的藻类种属。不过在进行藻类样本采集之前，必须先进行拍照、记录、绘图、地理坐标定位并确定样本采集的精确地点或部位，如池塘或犯罪嫌疑人的鞋子等。此外还要尽可能地记录样本的某些原始特征，如颜色或形状，因为藻类证据样本在送到法医植物学专家手中之前可能发生巨大的形态学变化。确保采集到的藻类证据样本不被污染是整个采集流程中最重要的，因为大多数的藻类需要在显微镜下才能观察得到，一旦污染就可能会干扰证据样本的分析结果甚至导致重大错误（表 9.1）。与其他类型的法庭科学证据检验一样，必须维持证据链的完整性（见本书第三章）。因此，所有的藻类证据都必须保存在干净的容器中，并粘贴上适当的证据标签（通常由警方提供），在标签上记录案件编号、死者名字、采样日期、采样的地点以及证据编号。

表 9.1　避免藻类证据样本污染的相关原则与方法

原则	减少人为操作错误的方法
1. 使用不含有任何藻类的试剂（如蒸馏水、乙醇以及用于清洁仪器和玻璃器皿的清洗液）	定期检查试剂的来源和库存，以确保这些试剂没有滋生藻类
2. 使用干净无菌的仪器设备	①使用大量的蒸馏水清洁和冲洗所有设备。 ②使用一次性滴管。 ③与制造商沟通，保证所有相关仪器设备都没有被藻类污染过。 ④定期检查并冲洗显微镜上的相关配件，避免镜头或摄像头污染

续表

原则	减少人为操作错误的方法
3. 在进行藻类检验分析时，应尽量减少各类工具，如药匙以及试管等与藻类样本接触的次数与时间	毋庸置疑，接触次数越多、时间越长，污染的可能性也随之增加
4. 切忌使用同一设备检验不同来源的样本，避免交叉污染	①使用一次性滴管、玻片或药匙。 ②如果使用非一次性工具，在检验另一个样本前必须彻底清洗。 ③经常换用或清理仪器设备
5. 实验室相关检验记录应按日期和时间排序	如果在两个连续的案件样本检验中发现了几乎完全相同的藻类物种，应考虑污染的可能，并需要立即排查污染来源

操作流程一：将犯罪嫌疑人与特定犯罪现场或相关物证联系起来

对于法医植物学专家来说，当在水体附近发生案件（通常是命案）后，应当首先调查犯罪现场所在的水体或海岸线，并记录其中的湿地和水生植物情况。沿着岸边，被踩踏或最近被认为扰动过的藻类团块或其他植物都应该拍照并记录其所在位置，随后采集任何可能是犯罪嫌疑人或被害人曾经活动区域出入口的水体样本。水体的出入口往往是碎石、泥沙或土壤，有时也会经过一些灌木丛。在犯罪嫌疑人或被害人曾经通过的路径上除了藻类，还可能会有其他一些稍大的湿地植物，如香蒲、稻草、藓类、苔类等沿水路分布。肉眼可见的植物可以在采集后使用植物标本夹压制成干化标本（方法详见本书第三章）。藻类和小型水生植物常常生长在土壤、泥沙或岩石表面，并沿着犯罪嫌疑人或被害人的活动路径分布。对于这些植物证据，尤其是那些生长在足迹下的植物，必须要使用干净的玻璃试管来保存。土壤或沙子本身可以作为硅藻的检材来提取和处理（图 9.9）。任何附有藻类、藓类或苔类并有明显翻动过的石块应整体提取（如果足够小），因为这种翻动往往可能意味着犯罪嫌疑人或被害者在该处曾经踩滑或跌倒过。这种石块在提取时应与相关现场勘验人员协调好，并采取相应的预防措施以避免无关人员 DNA 的污染，因为有时犯罪嫌疑人或被害人在摔倒时其破损的皮肤或血液会黏附在这些石块上。

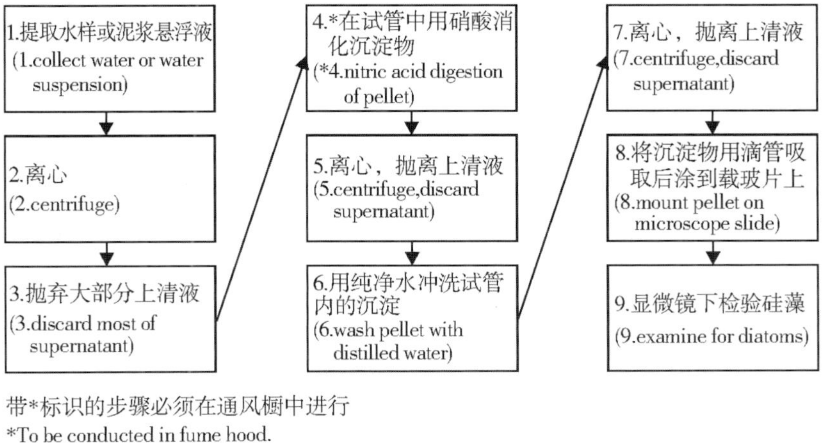

图 9.9　九步法对水样提取物或泥浆悬浮液进行硝酸消化，以便后续各种检验（详见 Pollanen，1998：90）。用于检验的水或悬浊液通常是直接从水体中取样或是使用蒸馏水清洗嫌疑物品后的清洗液。清洗物品时应将物品装在干净、不透水的塑料袋中，并加入足以淹没物品的蒸馏水并不断摇晃

对于采集到的所有植物证据样本，主要是用于和犯罪嫌疑人或某些物证上的藻类或植物残片进行比对和匹配。对于犯罪嫌疑人，证据搜索采集的范围主要集中于其鞋子（尤其是鞋底）、袜子、裤脚、袖口或裤子上更高的部位（如果有跌倒发生）。对于犯罪过程中可能使用过的嫌疑车辆，驾驶员一侧的地板上、脚垫以及脚踏板等部位往往留有鞋底掉落的藻类和其他植物证据。后备箱或卡车后箱底部等用于携带工具或堆放垃圾的位置也可能残留有与案件相关的藻类或植物证据检材。轮胎花纹、底盘或车轮舱里也常常会黏附有与犯罪现场相一致的藻类或植物证据检材，尤其是嵌顿在轮胎花纹或底盘上已经干化的泥浆。肉眼可见的藻类或植物残片可以使用干净的镊子从上述人体或物品、车辆上提取，并将采集到的证据放入干净的玻璃容器中保存。肉眼不可见的微观藻类通常可以从物体表面附着的大量干化泥浆或泥沙检材中提取，然后在干净的玻璃试管或玻璃瓶中使用蒸馏水或 70％的酒精配制成悬浊液备检。不溶于水和酒精的固体物证也可以使用蒸馏水或 70％酒精清洗并收集全部的清洗液。如果固体物证的体积足够小，则可以将其放置在一个干净的塑料袋中，并倒入足量的蒸馏水或 70％的酒精覆盖，然后不断摇晃来提取微小的藻类或植物证据。

对于水样的采集，样品应从水体的表面、中间提取，如果有可能，那么水体底部的水样也要提取。此外，如果水体面积较大，例如池塘或河流，还需要在尸体或物品发现处及其上游多个地点进行采样，因为尸体或某些物品可以浮在水面上并随水流一起运动。为了确认被害人或物品入水地点，植物学专家可

能需要不同河段的水样来分析比较藻类群落的组成以及主要物种的丰富度。在采集水样时应该尽可能地接近案件实际发生的时间，但这一要求并不是绝对的，因为经验较丰富的植物学专家通常能够借助后续的调查来重建犯罪发生当时的水生植物群落情况。

大型藻类或大量聚集在一起的微小藻类往往浮在水面肉眼可见，它们大多是丝状藻类形成的池塘泡沫、扁平垫子状、悬浮的轮藻或海草，并往往与其水下部分基质分离。大型藻类也常常会附着在某些物品如石块的表面生长，尤其是邻近案件相关的水体出入口位子的藻类有重要意义。如果可能的话，这类检材需要通过两种方法来采集和保存：①使用植物标本夹压制成干化标本；②水含量过多的样本可以放置在清洁的玻璃容器内，并使用适当的保存液来保存。如果是制作植物干化标本，大量丝状藻类、大型轮藻或海草必须平铺到一张纸上（专业标本吸水纸、棉纸或厚报纸都行）并用另一张纸覆盖在样本表面。为了加速样本干燥，可以放一张湿润的吸水纸在大小差不多的平底托盘中，再将采集到的藻类样本放于其上。当吸水纸和藻类逐渐干化时，藻类就会自然贴附停在吸水纸的表面。待完全晾干后，这种藻类样本就可以无限期保存并可以随时用于后续的检验。新鲜藻类证据样品应尽快进行种属鉴定。如果样本不能在24～48小时内进行检验，或者必须以新鲜藻类样本进行法庭展示，那么可以使用一些长效防腐剂来保存（表9.2）。

表9.2　一些常用于保存藻类的防腐剂（下述所有的防腐剂都可以防止藻类的腐败和分解，但根据后续不同的检验需要所使用的防腐剂也不同）

保存液	用途	用量
福尔马林溶液（Britton和Greeson，1987）	能保存藻类的颜色，但可能会造成细胞变形和鞭毛脱落	每100 ml样本添加3 ml福尔马林、0.5 ml 20%表面活性剂以及0.1 ml硫酸铜溶液。
鲁哥溶液（Britton和Greeson，1987）	能保存完整的细胞形状和鞭毛，但会将细胞染成棕黄色	每100 ml样本添加1 ml鲁哥液〔5g碘（I_2）和10 g碘化钾（KI）溶于100 ml蒸馏水中，再混入10 ml饱和冰醋酸，配制成120 ml溶液〕

对于那些自由漂浮的微型藻类，如硅藻、腰鞭毛虫或丝状藻类碎片，可以使用干净玻璃瓶从水面以下捞取水样。这些水样中微型藻类往往多种多样，因此保存后需要在显微镜下进行细致地观察检验（表9.2）。然而，法医植物学专家通常会优先选择调查水体中的硅藻群落，因为硅藻广泛分布于几乎所有水

生生态系统。此外，其他大多数藻类一旦干化就很难鉴定其种属，而水分的多寡对硅藻的硅质外壳几乎没有任何影响。如果要采集硅藻作为证据，通常需要用大容量的干净玻璃瓶（500～1000 ml）来提取水样。对于硅藻检验来说，虽然少量的水可能就足够了，但仍推荐提取多一点水样，因为硅藻的丰富度会随季节、昼夜和温度变化而改变（Pollanen，1998）。提取水样后，一般要对水样进行离心、浓硝酸消化、多次重复蒸馏水洗涤和再次离心，最后再用滴管吸取离心液于普通光学显微镜或扫描电子显微镜下检验（图 9.9）。在以上处理过程中，浓硝酸消化不会溶解硅藻外壳，但会溶解硅藻细胞结构和其他非硅藻的微生物，使镜下的硅藻外壳结构特征更明显。

微小的单细胞或珊瑚藻类样本通常需要连同其附着的基质一起提取，特别是分布在比较浅的水域中的样本可能会被犯罪嫌疑人踩过或扰动过。在这种情况下，需要使用干净的玻璃瓶在多个地点直接捞取松散的水底沉积物。如果藻类紧密地附着在坚硬的物体如石块或硬木表面，则可以使用特殊设计的采样注射器来提取（Zimmerman 和 Wallace，2008；Haefner 等，2004）。

从水样中提取出的藻类或植物残片随后需要在显微镜下检查，并与犯罪嫌疑人或嫌疑物品上提取的样本进行比对。对于犯罪嫌疑人和嫌疑物品上的样本，也是采用同样的处理程序来进行。如果水样检验的重点就是硅藻，那么对犯罪嫌疑人和相关物证上的植物证据检验重点也必须是硅藻，并且两者都必须采用相同的处理方法如硝酸或硫酸消化（图 9.9）。对于衣物等纺织品上黏附的藻类，不能进行冲洗收集样本，而应直接用硝酸或硫酸溶解（Uitdehaag 等，2010）后再采用图 9.9 所示方法进行后续处理。

操作流程二：溺死相关硅藻检验

要确定死者是否溺水身亡，通常要在可能入水的水域和死者完整的股骨骨髓中提取硅藻样本并进行比对（Pollanen，1998：83）。

当水中尸体被发现后，必须尽快提取现场的水样。水样必须保存在干净的玻璃瓶中。由于浮游型硅藻的丰富度很大程度上取决于季节、昼夜时间和温度变化，因此同上文所述，建议提取至少 500 ~ 1000 ml 水样备检（Pollanen，1998）。如果浮游型硅藻的丰富度比较高，也可以仅提取少量水样。如果尸体是在很深的水中发现的，那么警方必须雇佣或委托水文人员或潜水员来提取水体深处的水样。如果尸体因为水流推动可能不在原入水地点了，则需要在水体上游沿岸搜寻相关足迹证据或扰动过的路径，然后在死者可能入水的水域提取水样。水样提取完成后，后续的处理和硅藻检验程序仍参照标准的操作流程。

如果入水地点的水样没有条件采集或是入水地点未知时，有时可以从死者体内的溺液中获取样本（Pollanen，1998：87），例如溺死者在入水后可能会吞咽大量水到胃中。尽管胃内容物中提取到的硅藻不能用来诊断溺水死亡，但如果股骨骨髓内的硅藻与胃内容物中的硅藻种属以及群落组成相一致，也能支持溺水死亡的诊断。

成人一根完整股骨包含大约 50 g 的骨髓。为了进行硅藻检验，在尸体检验过程中应锯断股骨并提取骨髓，然后将该骨髓用强酸消化并离心，去掉大部分的上层清液，将沉淀物用蒸馏水反复清洗。将洗液收集后再次离心，就可以制备硅藻涂片在普通光学显微镜或扫描电子显微镜下观察检验了（图 9.10）。

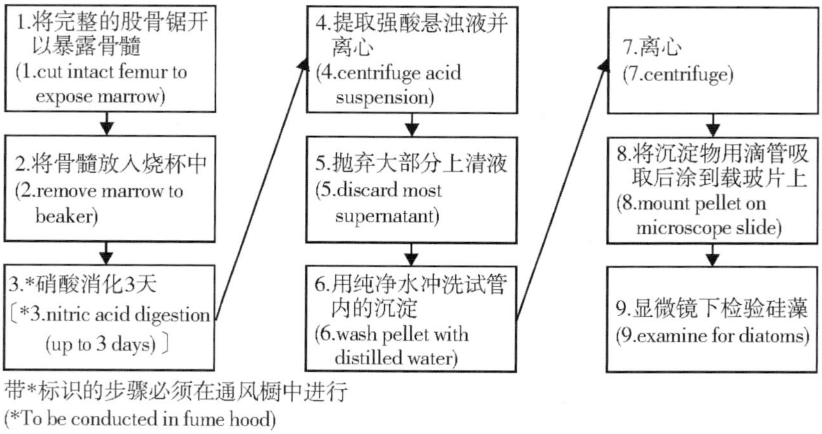

图 9.10 九步强酸消化法提取股骨骨髓中的硅藻（Pollanen 1998：89）。需要注意的是本操作流程的第 3～9 步与图 9.9 的第 4～9 步是一致的

操作流程三：藻类毒素中毒的诊断

除了前一节中所讨论到的一些症状外，对于藻类毒素中毒的确认以及赤潮爆发地点的定位还需要对以下一些地点或相关证据进行采样：①在疑似赤潮爆发的水域中水面上任何可见的藻类；②疑似入水地点水体的水；③中毒者的尿液、血清、组织或粪便样本。如果是贝类所含的腰鞭毛虫毒素中毒，则最好对所食用的贝类也进行腰鞭毛虫毒素检验。对于能引起急性症状甚至引起死亡的水源，最好在白天采集藻类样本，因为形成水华的藻类在白天进行光合作用时会浮到水面上来。这种水华以及它们产生的毒素都是很短暂的，尤其是淡水蓝藻形成的水华，因此到达嫌疑水域后应尽快采集水样和藻类样本。

在淡水环境中，只有某些蓝藻和其产生的蓝藻毒素会引起人类和家畜健康问题（Graham 等，2010）。在调查某些病因不明的神秘疾病、皮疹或罕见与神经或肝损伤相关的死亡案件时，如果目击者提到水库或游泳地点有绿色、棕色或蓝绿色的“脏东西”或“浮渣”，那么必须首先考虑蓝藻毒素中毒的可能性。由于产毒素的蓝藻通常也会产生有恶臭的无毒化合物，因此如果目击者称水体发霉或有土味，也也应该考虑蓝藻毒素的可能性（Graham 等，2010）。如果是从藻垫或疑似含有蓝藻毒素的水体中采样，则采集样本的人员必须采取预防措施（如戴长筒乳胶手套）以避免接触有毒的水和人的皮肤接触，此外还要注意鼻黏膜、眼睛或嘴部的防护。在采集藻类和水样时，可以使用 500～1000 ml 的棕色玻璃瓶在嫌疑水域的多个地点采样，尤其是藻类聚集的区域是最理想的。之所以使用棕色玻璃瓶来采样，是因为可以防止蓝藻毒素光照后降解。虽然许多法医植物学专家能够识别样本中藻类种属，但很少有实验室能对各种蓝藻毒素进行全面的检测。因此，这类样本应该直接送到当地专业的毒物分析检验机构进行蓝藻毒素的排查。大多数这类实验室隶属于政府公共卫生或水文部门，因为这些部门平时经常需要对公共供水系统进行检验。如果有读者对该技术感兴趣并希望进行相关培训，可以向格拉汉姆等（Graham 等，2010）咨询。

在海水环境中，主要的产毒藻类是腰鞭毛虫，并且腰鞭毛虫只有繁殖达到一定的种群密度后（如发生赤潮）才会造成相关健康问题。不过需要注意的是，并不是所有的赤潮都有毒，也并不是所有的腰鞭毛虫水华都呈红色（Ely 和 Ross，2009）。因此，虽然对水华颜色的描述可能有助于腰鞭毛虫毒素中毒的诊断，但是不是红色和是否有毒无关。此类中毒通常发生于人体意外暴露在有毒水华中（如游泳），或是食用了受毒素污染的贝类。对于腰鞭毛虫毒素中毒而言，样本采集流程与上文介绍的蓝藻毒素一样，只不过腰鞭毛虫毒素对光不敏感，因此可以使用透明玻璃瓶直接采样（联合国粮食及农业组织，2004）。虽然某些法医植物学专家能够鉴定腰鞭毛虫的种属，但腰鞭毛虫毒素的检验建议还是由专门从事环境毒理学的实验室来进行。

操作流程四：死后浸没时间推断

如果采集的藻类证据样本需要用于死后浸没时间的推断，那么根据推断的目的不同，样本采集的方法也有一定的差异。最常用的方法是从尸体表面采集藻类样本并确保其不被其他区域（如水体中其他区域或其他物体表面）的藻类污染。黑夫纳等（Haefner 等，2004）以及齐默尔曼和华莱士（Zimmerman 和 Wallace，2008）设计了一种特殊的注射器，可以用于覆盖尸体的表面并吸取附着于尸体表面上的藻类。后来，黑夫纳等又建立了量化叶绿素 a 浓度的标准实验流程，而齐默尔曼和华莱士则用标准的硝酸消化法和光学显微镜检验来评估猪尸上硅藻物种的多样性及其群落演替情况。

致 谢

感谢爱克辛萨拉·K. S. K. 普拉萨德提供了众多高质量的藻类显微照片，同时也感谢奥斯汀·马斯特在本章撰写过程中提供的学术支持。

参考文献

Aggrawal A (2005). Death by drowning. Web Mystery Magazine, 3, 1. Available at: http: //lifeloom. com/III1Aggrawal. htm. Accessed 20 November 2010.

American Water Works Association (2002). Identification of algae in water supplies (CD-ROM). Available at: http: //www. awwa. org/.

Behm D (2003). Coroner cites algae in teen's death: experts are uncertain about toxin's role. Milwaukee Journal Sentinel, 6 September.

Britton L J, Greeson P E (1987). Methods for collection and analysis of aquatic biological and microbiological samples: Phytoplankton. In: Britton L J and Greeson P E (eds), US Geological Survey, Techniques of Water Resources Investigations, Book 5, Chapter A4. USGS, Washington, DC, pp. 99-116.

Catts E P, Haskell N H (1990). Entomology and death: a procedural guide. Joyce's Print Shop, Inc., Clemson, SC.

CDC (2011). Saxitoxin. In: Centers for Disease Control & Prevention Emergency Preparedness & Prevention Guidelines. Available at: http: //www. bt. cdc. gov/chemical/. Accessed 30 December 2010.

Codd G A, Bell S G, Kaya K, et al (1999). Cyanobacterial toxins, exposure routes and human health. European Journal of Phycology, 34, 405-415.

Cox E J (1996). Identification of freshwater diatoms from live material. Chapman & Hall, London.

Cox P A, Sacks O W (2002). Cycad neurotoxins, consumption of flying foxes, and ALS-PDC disease in Guam. Neurology, 58, 956-959.

Dillard G E (1999). Common freshwater algae of the United States, an illustrated key to the genera (excluding diatoms). J. Cramer, Stuttgart.

Ely E, Ross N W (2009). Red tide in the Northeast. Rhode Island Sea GrantFactsheet P1099. Available at: http: //seagrant. gso. uri. edu/factsheets/index. html.

Falconer I R, Humpage A R (2006). Cyanobacterial (blue-green algal) toxins in water supplies: Cylindrospermopsins. Environmental Toxicology, 21 (4), 299-304.

Food and Agriculture Organization of the United Nations (2004). Marinebiotoxins. FAO Food and Nutrition Paper 80.

Francis G (1878). Poisonous Australian lake. Nature, 18, 11 - 12.

Gessner B D, Middaugh J P, Doucette G J (1997). Paralytic shellfish poisoning in Kodiak, Alaska. Western Journal of Medicine, 166, 351 - 353.

Graham L E, Wilcox L W (2000). Algae. Prentice Hall, Upper Saddle River, NJ.

Graham J L, Loftin K A, Meyer M T, et al (2010). Cyanotoxin mixtures and taste-and-odor compounds in cyanobacterial blooms from the midwestern United States. Environmental Science Technology, 44, 7361 - 7368.

Haefner J, Wallace J R, Merritt R W (2004). Pig decomposition in lotic aquatic systems: the potential use of algal growth in establishing a postmortem submersion interval (PMSI). Journal of Forensic Science, 49 (2), 330 - 336.

Hayman J (1992). Beyond theBarcoo-probable human tropical cyanobacterial poisoning in outback Australia. Medical Journal of Australia, 157 (11 - 12), 794 - 796.

Holstege C P (2011). Saxatoxin. In: Holstege C P, Neer T M, Saathoff G B, etal. Criminal Poisoning: Clinical and Forensic Perspectives. Jones and Bartlett, Sudbury, MA.

Hurlimann J, Feer P, Elber F, et al (2000). Diatom detection in the diagnosis of death by drowning. International Journal of Legal Medicine, 114, 6 - 14.

Jochimsen E M, Carmichael W W, An J, et al (1998). Liver failure and death after exposure to microcystins at a hemodialysis center in Brazil. New England Journal of Medicine, 338, 873-878.

Keiper J B, Casamatta D A (2001). Benthic organisms as forensic indicators. Journal of the North American Benthological Society, 20, 311 - 324.

Keiper J B, Chapman E G, Foote B A (1997). Midge larvae (Diptera: Chironomidae) as indicators of postmortem submersion interval of carcasses in a woodland stream: a preliminary report. Journal of Forensic Sciences, 42, 1074 - 1079.

Lee R E (1999). Phycology, 3rd ed. Cambridge University Press, Cambridge.

Ludes B, Coste M, North N, et al (1999). Diatom analysis in victim's tissues as an indicator of the site of drowning. International Journal of Legal Medicine, 112, 163 - 166.

Pagliaro E (2005). Additional case studies, Chapter 11, part 2. In: H. M. Coyle (ed.). Forensic Botany: Principles and Applications to Criminal Casework. CRC Press, Boca Raton, FL, pp. 179 - 183.

Palmer C M (1959). Algae in water supplies: An illustrated manual on the identification, significance, and control of algae in water supplies. Public Health Service Publication no. 657 Washington DC US Department of Health, Education, and Welfare Public Health Service.

Patrick R, Reimer C (1966). The Diatoms of the United States. Livingston Publishing Company, Philadelphia.

Pollanen M S (1998). Forensic Diatomology and Drowning. Elsevier, Amsterdam.

Pollanen M S，Cheung L，Chaisson D A (1997). The diagnostic value of the diatom test for drowning. I. Utility：a retrospective analysis of 771 cases of drowning in Ontario，Canada. Journal of Forensic Sciences，42，281－285.

Siver P A，Lord W D，McCarthy D J (1994). Forensic limnology：the use of freshwater algal community ecology to link suspects to an aquatic crime scene in southern New England. Journal of Forensic Science，39，847－853.

Stewart I，Webb P M，Schluter P J，et al (2006). Recreational and occupational field exposure to freshwater cyanobacteria-a review of anecdotal and case reports，epidemiological studies and the challenges for epidemiological assessment. Environmental Health：A Global Access Science Source，5，6.

Sze P (1998). A Biology of the Algae，3rd ed. McGraw-Hill，Boston.

Timperman J (1972). The diagnosis of drowning. A review. Forensic Science，1，397-409.

Uitdehaag S，Dragutinovic A，Kuiper I (2010). Extraction of diatoms from (cotton) clothing for forensic comparisons. Forensic Science International，200，112－116.

Yoshimura S，Yoshida M，Okii Y，et al (1995). Detection of green algae (Chlorophyceae) for the diagnosis of drowning. International Journal of Legal Medicine，108，39－42.

Zimmerman K，Wallace J R (2008). Estimating a postmortem submersion interval using algal diversity on mammalian carcasses in brackish marshes. Journal of Forensic Science，53，935－941.

第十章　法医植物学案例研究

戴维·W. 霍尔　博士

证实某人或某物曾出现在现场

案例 1

某男子将一名女子绑架后带到一个偏僻的小树林并对其进行了性侵犯。在当地执法人员的协助下，该女子最终找到了性侵发生的现场准确地点。该现场位于某市郊外一个常见的潮湿区域，但案发当时该地区是比较干燥的。现场勘验发现了大量的植物种子和破碎的花瓣。警方采集了这些种子和花朵残片以及现场周围植被的样本，用以区别该现场与周边相似的区域。

随后，警方逮捕了一名嫌疑人，并在其家中找到了一条被害人描述的在性侵过程中使用的毛毯。这条毛毯上黏附着许多植物组织（图 10.1）。对该毛毯的检验发现，毛毯上黏附的植物证据样本包含有大量的种子和花朵残片。这些种子和花朵残片分别属于七种不同种类的植物，其中四种属于广泛分布于大多数草地和旷野的杂草。但是，该毛毯上仅仅黏附了少量的这四种杂草样本，剩下的数千个种子和花朵残片与性侵现场发现的物种完全一致。

图 10.1　毛毯上黏附的大量植物残片证实该性侵案件的嫌疑人曾经到过现场

嫌疑人供述说他和家人在自己的草坪上和当地两个湖泊附近野餐时使用过该毛毯。警方对嫌疑人提到的区域中上述三种样本量较大的植物进行了检验。三种植物中的一种是嫌疑人提到的区域中的一种草坪杂草。这种杂草有非常轻、表面带有绒毛并能随风播散的种子，并且经常会出现在草坪中，但往往在成熟并形成花朵和果实前就被割草机杀死了。

物证检验结果显示，毛毯上有三种植物与现场中的植物完全匹配。这几种植物通常生长在潮湿的地区，如果是在草坪生长的话无法发育到成熟阶段。虽然辩护律师认为这些植物的种子和其他植物残片可以被风吹到嫌疑人野餐过的湖泊附近草坪区域，但这三种植物中有两种的种子无法经风媒播散。根据三个铁一般的事实：①能够经风媒传播的那种植物只有生长到3～9英尺（0.91～2.74 m）高才会发育成熟并开花结果，但在经常修建的草坪上无法成熟；②没有成熟的草坪植物不可能产生数以千计的种子和植物残片；③毛毯上的三种植物种子和植物残片与性侵现场完全匹配。基于以上事实，嫌疑人被判有罪。

案例 2

1998年4月，华盛顿州斯波坎市南部的一条水沟内发现一具女尸，而4个月前就在距其被发现的地点约50 m远的地方就曾发现过两具女尸，所有这三具尸体上面都有植物材质作为掩埋物。掩埋尸体的植物材料被警方采集后存放在治安官办公室的物证储藏室中。当年5月，理查德·欧德博士受警方委托对这些植物证据材料进行检验，看是否能提供任何有意义的信息。

经检验，该植物证据材料一部分是园艺植物的落叶，另一部分是大量碎裂的景观植物树皮（图10.2）。虽然两处抛尸地点所用的植物材料物种组成完全不同，但仍有少量植物样本存在交叉污染。在两处抛尸地点的植物样本中，也没有发现被剪断的杂草或斯波坎地区常见的景观植物北美黄松的松针。

根据所用的植物材料、叶片降解阶段和交叉污染的程度，警方确认这些植物材料应该来源于两个相对独立的树皮堆积层。这两个树皮堆积层应该位于同一个院子里，都是于1997年秋天形成的。经鉴定，每个堆积层的优势种和亚优势种共有14种。结合这两个树皮堆积层中特定物种的空间相关性、树皮成分以及一些物种的缺失情况，警方分析认为该院落中这两个树皮堆积层即使不是独一无二的，它们的组成也比较罕见。

警方考虑了几种不同的方式来搜寻与埋尸现场相对应的植物证据，包括使用红外线航拍来识别特定树木种属组合，以及假装城市绿化情况调查员来调查邻近院落。然而，这两个方案所需的经费都不菲，因此最终都没有采用。此外存在这样一种可能性，那就是掩埋尸体的植物材料并不是来源于犯罪嫌疑人的院落而是城市绿化服务公司或路边丢弃的封装落叶的垃圾袋。

图 10.2　掩埋尸体用的植物材料来源于同一个院子里的两个相对独立的树皮堆积层

最终，抛尸现场采集到的每种植物证据样本都提供给参与在犯罪嫌疑人家中对其进行审讯的警探，并展示给潜在的证人们看。两年后，真正的罪犯终于被逮捕，而掩埋尸体的植物材料确实来源于他家中的院落。

案例 3

一位女子穿过一栋综合性公寓到洗衣房洗衣服。在回公寓的路上突然瞥见一个人头戴枕头套欲袭击她。她立即逃到了公寓楼的公共区域。该男性嫌疑人看到女子成功逃跑后，立即逃离了这栋公寓。有人见到该男子从一个灌木丛里拿出了摩托头盔然后骑摩托逃离，但其头盔面罩上黏附了一块叶子残片。

叶子残片往往具有足够多的形态特征用于种属鉴定。黏附在头盔上的叶片应该就是来源于嫌疑人之前藏匿头盔的灌木丛，但不幸的是，这块叶子碎片没有与现场那个灌木丛中任何残破叶片相吻合的断裂面，一些中间连接的部分可能已经遗失了。不巧的是，这个灌木丛中的植物很特殊，该地区极少在户外种植这种植物。当时户外已经接近零度，这种植物很容易冻死，因此它们只可能种植在现场中能遮蔽严寒的地方。根据现场中这颗植物的大小，可以推测其已经在这里生长了好几年。这种不寻常的植物证据为警方提供了强大的间接证据证明犯罪嫌疑人到过现场。犯罪嫌疑犯随后被判有罪并判刑。

案例 *4*

一个男子被人发现死在了他自家的谷仓里，凶器是一把猎枪。警方怀疑凶手就是死者隔壁的年轻邻居，因为不久前他们曾经发生过口角。经调查，犯罪嫌疑人家中的一把猎枪最近使用过。同时，从犯罪嫌疑人家中到死者的谷仓间的泥巴地里有一串脚印，而犯罪嫌疑人家中也发现了一双沾满泥泞的鞋子。犯罪嫌疑人在被警方逮捕时曾对谋杀事实供认不讳，但后来其辩护律师为其翻供。因此，地方检察官必须要拿到其他一些相关证据。

嫌疑猎枪的尾部黏附有几块微小的植物残片。所有的植物残片都来自于同一种草。虽然草本植物通常很难根据残片来鉴定其种属，但幸运的是猎枪上的一个叶子残片上带有特殊的绒毛。这种草常用作禽畜饲料、干草或草坪草，并广泛分布于大多数有人烟的地区（图 10.3）。

图 10.3　狗牙草残片卡在在猎枪的弹夹与枪托底板间，该植物在死者所在的干草谷仓中也有

在枪杀发生不久之后，警方勘验现场时就发现上述植物残片已经完全干燥，因此其卡在枪支上时就已经不是绿色了。在周围的几个县里这种草很少用于饲料、干草或草坪草，而被害人则将该草作为干草堆放在谷仓的窗外。凶手在窗外开枪，并显然在干草上放下枪并进入谷仓确认被害人是否已经死亡。这一有力的间接证据协助法庭将凶手绳之以法。

案例 *5*

在美国爱达荷州北部，一名男子报警称他的妻子前一天在山上采摘越橘至今未归。经过两天的地毯式搜索，警方在该女子经常采摘越橘的地区附近一条伐木小路的陡坡下发现了她的尸体。由于她的车也失踪了，因此警方认为作案者在杀死该女子后盗用了该失踪车辆。

该女子的尸体从伐木小路一直翻滚到河岸边，因此尸体上黏附了大量的植物材料。警方将尸体上的所有植物材料都作为证据提取并送检，期望能找到某些不属于该地点的植物证据。如果能找到这类证据，那么该女子就是在别处被杀死后抛尸到目前的地点。经检验，在尸体的头发以及衬衫背面黏附了一些剪碎的草坪草以及矮牵牛的花与叶（图 10.4 a 和 10.4b)。

图 10.4　(a) 被害人的头发和衬衫上采集到的植物残片，经鉴定为草坪草与矮牵牛的花和叶。(b) 矮牵牛具有强黏性的腺体表面，因此非常容易黏附在衣服和皮肤上

经调查，警方在死者住所背面的人行道上发现了一行矮牵牛。警方随后的调查显示，死者家中客厅的地毯上残留有大量尚未清洗干净的血迹。在走访了附近几个小镇的居民后，警方最终在离死者住所几个街区外的一个出租储存设施中找到了死者丢失的汽车。随后，死者的丈夫被控告谋杀了他的妻子。

案例 6

警方在某个飞机失事地点发现了一具完整的人类骸骨。经分析，该尸体并不是这次空难的死者。这次空难很严重，飞机内或被抛出的乘客几乎都有多发性骨折。此外，飞机当时载满了燃料，因此发生了强烈的燃烧。位于飞机内部的飞行员遗体被发现时已经出现严重烧伤，一些尸体只留下了少许灰烬。然而在飞机外发现的这具骸骨却完全干净且没有烧伤也没有骨折。该骸骨残存的一只耳朵背后一小块皮肤上还残留有人类毛发，其上还有一些植物残片附着。幸运的是，其中一块植物残片上保留有草籽的端部可以用于种属鉴定。经专家鉴定，这种草在当地主要用于饲料，并且不是很常见。附近的区域并没有这种草，包括邻近的牧场也没有。因此，这种草籽提示该尸体是在其他地点腐败然后移尸到空难现场的（图 10.5）。

图 10.5 该骨骸显示出明显的埋葬学变化。植物、种子和花与骨骼中所含的元素揭示了这具骸骨在多长时间之前被移动并重新掩埋（本照片由佛罗里达大学 C. A. 庞德人类识别实验室提供，照片细节请参阅彩页部分）

案例 7

间接的植物证据并不总能在实际案件中起到辅助作用。例如在某个森林地区发现了一具被杀害的尸体，而被害人的汽车却被遗弃在另一个州。经过严密细致地现场勘验，警方仅仅在车上发现了一个指纹和许多植物残片。

警方随后找到了该指纹的匹配者，但他供述自己仅仅只是个偷车贼，这辆车当时停放在其他地方。车辆上黏附的植物残片与现场附近的植物相符（图 10.6）。为了更方便庭审，该偷车贼被带到了当地监狱，控方当时邀请了一位拥有植物学学位的律师。然而在审讯中，犯罪嫌疑人的辩护律师（同时拥有林业学位）成功证明警方找到的植物证据不仅可能来自于现场，他也可以在现场附近长约 1000 英里（1693.44 km）的铁道旁任意一段防护林中找到。因此，这些间接证据没能将该案的嫌疑人定罪，最后还是依靠其他证据才将该犯罪嫌疑人绳之以法。不过在该案中，控辩双方都邀请了拥有植物科学学位的律师，这确实是比较罕见的。

图 10.6 从车辆中找到的植物残片间接表明该汽车的所有者到过犯罪现场

案例 8

一个女子在被性侵犯后被人发现。被害人当时精神混乱，完全回忆不起被性侵犯时的地点。她的头发和衣服上黏附了一些植物残片，这些植物证据显示，她当时是位于一个地面较软的地点（图 10.7）。在对相关植物证据的种属进行了鉴定之后，执法人员和植物学专家在该女子被发现的地点附近进行侦查并找到了性侵犯发生的地点。

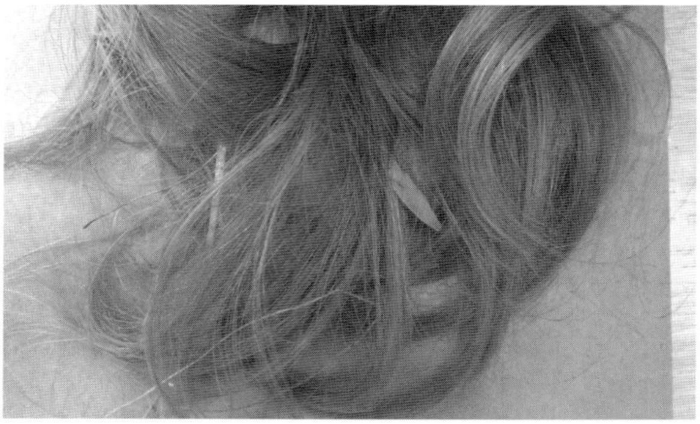

图 10.7 被害人的头发上发现的植物残片让刑侦人员能够最终定位性侵犯发生的地点（本照片由杰森·H. 伯德博士提供，照片细节请参阅彩页部分）

案例 *9*

一个年轻女子报警称她被性侵犯。为了确定这一事实，警方检查了她的衣服并对是否存在暴力性行为进行了确认。经过细致地勘验，在该女子的衣服里外都发现了许多叶子（图 10.8）。经鉴定，这些树叶源自于一种竹子，并且这种竹子在该女子声称被性侵犯的地点有大量生长。警方对该地点进行了搜索，并发现了一个灌木丛。被害人看到这个灌木丛后立即认出了它。随后警方又在灌木丛内发现了该女子的内裤。

图 10.8 根据竹叶的残片，刑侦人员证实了被害人的证词和精确的案发地点（本照片由杰森·H. 伯德博士提供）

死亡时间推断

案例 1

警方在某个森林中发现了一具骸骨，然而没法使用常规的法医学手段来推断其死亡时间。在植物学专家抵达现场以前，警方的勘验现场使得骸骨原始位置有一定的变化。整个现场中，尸体下以及周围的植物全部被现场勘验人员踩踏过，因此完全失去了证据作用。开始的时候警方没能找到尸体的下颌骨与一根腿骨。在地毯式的搜索后，警方在距离尸体有一定距离的地方发现了它们。警方没有继续对下颌骨与腿骨进行勘验，而是等植物学专家先来查看。下颌骨位于一堆沙子里，周围没有植物的证据，但腿骨下方却长出了一种落叶树幼芽的完整子叶。由于长期被腿骨遮蔽，这颗幼芽已经死亡，子叶完全变色并在腿骨上留下了一道棕黄色的带状痕迹。这种树木的叶绿素需要数周才会分解，树叶完全变色，因此，这数周时间可以作为该案死亡时间的其中一个部分。

该植物的幼芽子叶已经完全生长，叶的端部没有卷曲，这表明腿骨被转移到该处时子叶的叶片已经充分展开。经调查走访，现场附近的农户称这种树每年春天开始发芽生长（图 10.9）。因此，这种树的子叶从发芽到完全长成所需的时间是该案死亡时间的另一个部分。

图 10.9　根据当地农户提供的信息，该种树木种子春天发芽与生长的时间与尸体转移到此的时间有关

根据腿骨上残留的齿痕，表明它是被一只狗带到新的地点。只有当尸体已

经高度腐败，狗才能将腿骨和下颌骨叼走。警方向有经验的法医请教了相关问题，得到了尸体在该类环境下达到高度腐败阶段所需的平均时间。当地气象局记录显示，当年的冬季异常寒冷，这种严寒会显著降低尸体腐败的速度。综合上述因素得出了尸体达到高度腐败的时间，是该案死亡时间的最后一个部分。

上述三个时间段：叶绿素完全分解时间、幼芽子叶完全生长时间以及尸体发展到高度腐败的时间，累加起来就是该被害人大致的死亡时间。警方根据这个时间对现场附近地区的失踪、死亡人口的排查，最终找到了匹配者。经确认，该被害人失踪的时间与推断出的死亡时间相差仅一周。

案例 2

非木本植物的生长发育规律和生物学特点也具有一定的法医植物学价值。例如在某个凶杀案件中，在一个农业杂草堆上发现了一具高度腐败的尸体。尸体下的这些杂草叶绿素已经分解，植物也开始腐烂。在这种情况下，上一案例中提到的多部分时间累加法再次得到应用。

现场这些植物证据被挖了出来并送到了一名法医人类学专家和一名法医植物学专家手上。在农业上清除杂草的一种有效方法就是使用覆盖物将杂草完全挡住，导致杂草缺乏阳光而无法进行光合作用，最终因缺乏养分而死。经验显示，一段时间的阴影遮蔽就会杀死这杂草，而杀死杂草的平均时间是该案死亡时间的第一部分。

当植物根部的土壤被移除时，在植物的茎部基节处发现了一个幼芽。研究显示，许多农业杂草在茎部基节以上被砍断或已经枯死后，需要过一段时间才能萌发新的幼芽。尸体对阳光的遮蔽也能杀死杂草的土壤以外部分，和茎部基节以上被砍断相似。从土壤以外部分死亡直到萌发新芽所需的时间是该案死亡时间的第二部分。

该案死亡时间的第三部分是杂草幼芽从萌发至生长到现场中植物证据样本的状态（图 10.10）。这三个时间段：土壤以外部分死亡、幼芽萌发以及幼芽生长时间相累加。案件破获后，根据植物证据推算出的死亡时间与根据其他法医学证据推算出的时间基本一致。

图 10.10　该案件中发现的植物毛叶泽兰是一种常见的农业杂草，这种草的生长规律可以用来确定尸体出现在现场的最短时间

案例 3

某年在华盛顿州西部地区一名 14 岁的女孩被报失踪。失踪女孩最后被人看到时与一个比她大 10 岁的男子在一起，并且该男子与失踪女孩相互熟识。警方对女孩家位于近郊的住所周边地区进行大规模搜索后并没有发现任何证据。由于对犯罪嫌疑人加强了审查，在女孩失踪两天后该男子就被地方检察院以其他罪名控告并逮捕。

犯罪嫌疑人被捕两周后，警方根据一个灵媒的建议在失踪女孩家附近的一片草地中发现了被地毯卷起的女孩尸体。由于之前警方已经对该地区进行过地毯式搜索却没能发现这个地毯里裹着尸体，因此只能委托法医植物学专家来协助推断地毯被抛弃到该地点的时间。警方对地毯下被遮蔽的草皮变色情况进行了拍照。植物缺乏阳光造成的变色或退色称为萎黄病，其原因主要是叶绿素分解（图 10.11）。

法医植物学专家设计了一个实验来确定萎黄病的进展与时间关系。30 个装满尘土的垃圾桶被用来模拟死者体重对草皮的压力，每个垃圾桶都被裹在与现场中发现的一样的地毯中。垃圾桶和地毯被放置在尸体被发现的地方附近的草皮上。研究人员每天将一个垃圾桶挪走并对地毯下的区域进行拍照。通过和形成的一系列 30 个从没有萎黄病到严重萎黄病的草皮区域进行对比，包裹死者的地毯被抛弃在现场不超过 7 天（犯罪嫌疑人此时已被逮捕并关押在看守所中）【译者按：因此排除了该男子的嫌疑】。

图 10.11　萎黄病指的是叶绿素分解后绿色植物叶子变黄的现象。这个过程可以用于评估植物被某物体遮蔽阳光后变色的最短时间（照片细节请参阅彩页部分）

案例 4

警方在某个沟渠中发现了部分人类骨骸，骨骸上面以及周边都有植物生长。尽管现场中有数种植物可以用于进行死亡时间推断，但有颗葡萄树比较特别，因为它的藤蔓穿入了骨骸内部。这种葡萄的茎部具有年轮，因此很容易计算生长时间（图 10.12）。根据该葡萄的生长时间，法医推算出了骨骸被抛弃在该地点的最短时间。

图 10.12　葡萄树的年轮可以用于推算其在附近物体上生长的时间

案例 *5*

警方在一棵低矮的棕榈树下发现了一具尸体，在尸体被送往停尸房前现场勘验人员已经拍摄了高质量的彩色照片。然而，骨骸上以及周围生长的植物并没有什么证据价值，因为该地区经常会暴发洪水，骨骸留下了多次因洪水冲刷而留下的泥沙沉积。在泥沙的最表层有几个微小的一年生植物生长。但是这些植物并没有什么证据价值，因为尸体以及其上的土壤和泥沙层在这个地点已经好几年了。由于泥沙沉淀层的形成时间无法追溯，唯一能用来推断死亡时间的就是尸体旁边那棵棕榈树的生长情况了。这棵棕榈树曾被焚烧过，而骨骸却没有焚烧痕迹，因此骨骸只可能在棕榈树被焚烧后才被抛弃在这里。火灾的记录时间一般都非常精准，但这场火却并没有记录在案。

这棵特殊的棕榈树属于一种常见的农业杂草（图 10.13）。焚烧是农民清除杂草的一种常用手段。相关农业研究发现，这种棕榈树每次被焚烧后生长出的新叶子数目是恒定的。这种棕榈被焚烧后，会先长出固定数目的新叶子，然后每年再长出固定数目的新叶子。经计算，减去焚烧后立即生长出的新叶子，再除以每年平均生长出的新叶子数量，就能得出年数，也即尸体被抛弃在此处的最短年数。

图 10.13　根据这颗棕榈被火焰焚烧后生长出的叶子数量可以推算尸体被抛弃在现场的年数。由于其每年萌发出的新叶子数目是固定的，才能据此来计算年数。不过这个时间仅仅只是真实死亡时间的一部分

案例 6

警方在某个现场中发现有多个植物随尸体一起被埋葬。经鉴定，其中一种是常见的草坪草。该草的叶子明显变色，表明叶绿素因缺乏阳光而分解（即萎黄病），这一现象可以提示埋葬的时间。当草叶在现场勘验过程中被挖掘出来时，现场勘验人员立刻拍摄了叶片变色情况（图 10.14）。警方将类似的草埋在附近地面下，并每隔一段时间将草叶挖出来观察。根据这一现场实验中草叶的萎黄程度，该尸体仅仅被埋葬了数个小时。但是这一实验仅仅只能证明草叶被掩埋的时间，尸体可以同时被掩埋，也可能掩埋过程被突然打断，犯罪嫌疑人之后再继续掩埋时将草叶一起埋进土壤里。

图 10.14 草叶萎黄的程度可以用于推断尸体被掩埋的最短时间（本照片由杰森·H.伯德博士提供）

中英文名词对照索引

A

爱尔兰藓/皱波角叉菜　Irish-moss，or *Chondrus crispus*　156，159

桉树　eucalyptus　41

B

百合花　lilies　17

β-胡萝卜素　β-carotene　159

柏树　cypress　126，134

孢子　spores　13，21，22，134-136，146

孢子膜　thecae　159

薄荷　mints　19，41

北美油松　pitch pine　128

贝类毒素　saxitoxins　167

鞭毛　flagella，or flagellum　154，159，174

鞭毛藻毒素　dinotoxin　167，168，170，176，177

便携式放大镜　hand-lens　113，114，123

不在场证明　alibis　5，6

C

草（禾本科稻草）　grass　16，17，26，136，137，139，141　143，172

草本植物　herbaceous　16，31，32，126

草药　herb　31

草渍　grass stains　141，143

颤藻属　*Oscillatoria* sp.　155，161，168

超低温保存　ultracold storage　99

赤潮　red tides　159，160，167

虫颚　scolecodonts　135

虫媒植物　insect-pollinated　135，136

雌蕊　pistil　41，42

醋酸福尔马林　formalin acetic acid，FAA　123

D

大草原　prairies　26

大豆　soybeans　6

大果栎　*Quercus macrocarpa*　108

大麻　marijuana，or *Cannabis sativa*　3-5，143-145，147，148

大型藻类　macroalgae　156，157

单细胞藻类　unicellular algae　153，154，174，175

单子叶植物　monocots　16-18

盗窃　burglary　141，147

等位基因　allele　101，103，106，108

等位基因丢失　allelic dropout　103

地衣　lichens　24，134

电子扫描显微镜　scanning electron microscope，SEM　120-122，124

DNA 联合索引系统　Combined DNA Index System，CODIS　101，102

冬青　holly　41

毒品植物　narcotic plant　98

毒蕈　toadstools　23

短叶松　shortleaf pine　128

钝叶拿身草　*Desmodium incanum*　27，28

多肉植物　succulents　99

多糖　polysaccharides　159

E

萼片　sepal　41，42

F

非法盗伐　illegal timber harvesting　127

非特异性标记物　anonymous markers　103-105

非维管植物　non-vascular plant　21，22

分类检索表 taxonomic keys 122
风媒植物 wind-pollinated 135，136
枫树 maple 41，45，128，129
浮游动物 zooplankton 159
浮游生物 plankton 156，159
腐败 putrefaction 169，170
复式显微镜 compound microscope 118，119，121，123，124
覆盆子 raspberry 41

G

肝毒素 hepatotoxins 161，168
柑橘 citrus 16，44
根 roots 3，40
谷物 grains 4，17
灌木丛 shrubs 15，28，52
灌木丛生境 scrub habitat 26
光合作用 photosynthesis 2，9，10
光栅扫描 raster scanning 120
硅胶 silica gel 99
硅藻 diatoms 22，123，153，154，156，158，161-166，170-172，174-177
硅藻外壳 frustules 155，174，175
果实 fruits 29，41-46

H

海白菜 sea-lettuce 156
海带 kelp 156，159
海洛因 heroin 141
海藻/海草 seaweeds 22，156，157，159，174
禾本科 Poaceae 136，137
褐藻 brown algae 22，156，157，159
褐藻胶 algin 159
红枫 red maple 129
红藻 red algae 22，159
花 flowers 10，16，19，20，29，31，33，41-42，45，122
花瓣 petal 41，42
花萼 calyx 41，42
花粉 pollen 23，41，45，54，115，119，123，124，134-151
花粉播散 pollen transfer 140
花粉检验 pollen analysis 137，141，142，144，145，147-149
花粉粒 pollen grain 134-140，142，145，146，148
花粉囊 anther 41，42
花粉热 hay fever 135
花粉污染 pollen contamination 141-143，146，148，149
花粉雨 pollen rain 139
花粉证据 pollen evidence 139-149
花冠 corolla 41，42
花生 peanut 41
花柱 style 41，42
环境扫描电镜 environmental SEM，or eSEM 121
幻觉蘑菇 magic mushrooms 5
灰白青藓 *Brachythecium albicans* 108
火炬松 loblolly pine 128

J

基因测序 sequencing 100
基因突变 mutations 97，105
基因位点/基因座 locus，or loci 100-102，104-106，108
几丁虫 chitinozoans 135
季节性 seasonality 6-8
甲藻/腰鞭毛藻 dinoflagellates 135，153，159，160，167，174，177
简单重复序列区间扩增 inter-simple sequence repeats，ISSRs 104，105，108
交叉污染 cross contamination 103，182
胶状地衣 gelatinous lichens 24
角叉菜胶 carrageenan 159
角齿藓 *Ceratodon purpureus* 108

节肢动物群落　arthropod fauna　170

金圆券　gold certificates　130

金藻　chrysophytes　154，156，161

金棕藻　golden-brown algae　22，156

茎　stems　3，10，12，13，15，21，30-33，39，40

锯痕　kerf　131

锯末　sawdust　127，131

聚合酶链式反应　polymerase chain reaction，PCR　99，100，103-105，146

蕨类植物　ferns　13-15，134

K

壳状地衣　crustose lichens　24，25

可卡因　cocaine　141，142

块茎　tuber　32

扩增　amplifying　100，104，105

扩增片段长度多态性　amplified fragment length polymorphism，AFLP　104，105，108

L

兰花　orchids　17

蓝绿藻/蓝藻/蓝细菌　blue-green algae　22，155，156，160，161，176，177

蓝莓　blueberry　41

蓝细菌　cyanobacteria　155，160，167-169

类毒素 a　anatoxin-a　169

类胡萝卜素　carotenoids　159

冷杉树　firs　16

李子　plum　41

栎属　*Quercus* sp.　137

临界点干燥法　critical point drying，CPD　124

硫酸消化　sulphuric acid digestion　175

鹿茸　deer velvet　141

轮藻　stoneworts　156，174

裸盖菇属　*Psilocybe* sp.　5

绿藻　green algae　22，154-157，159，162，164

M

麻痹性贝类中毒　paralytic shellfish poisoning，PSP　167-169

马尾藻　*Sargassum* sp.　156，159

毛状体　trichomes　39

霉菌　molds　23

美国皂荚　honey locust tree，or *Gleditsia triacanthos*　108

蘑菇　mushrooms　5，23

墨角藻黄素　fucoxanthin　155，159

木本植物　woody plant　7，28

木质部/芯材　heartwood　127

N

南部松树　southern pines　128，131

泥炭藓　peat moss，or *Sphagnum* sp.　136

拟蕨类　fern allies　136

溺死硅藻检验　diatom test for drowning　163，164，166，175，176

年轮　annual rings　7，127

念珠藻属　*Nostoc* sp.　168

鸟媒植物　bird-pollinated plant　135，136

P

盘星藻属　*Pediastrum* sp.　135

盆栽植物　potted plants　53

皮肤毒素　dermatoxins　161

皮约特仙人掌　*Peyote cactus*　5

葡萄藻属　*Botryococcus* sp.　135

Q

牵牛花　morning-glory　41

强氧化物　oxidizing chemicals　135

鞘毛藻属　*Coleochaete* sp.　156

鞘丝藻属　*Lyngbya* sp.　161

鞘藻属　*Oscillatoria* sp.　155

琼脂　agar　159

球茎　corm　32

R

热带稀树草原　savannas　26

S

砂栎　sand live oak, or *Quercus geminata* 108

莎草　sedges　16, 17, 136

莎草科　Cyperaceae　136

山胡桃　hickories　19, 41

神经毒素　neurotoxins　160, 161, 167

神经退行性疾病　neurodegenerative disease　161

生境　habitat　26, 64, 65, 67, 73, 74, 76, 100, 126, 152, 156, 158, 170, 171, 184

生物发光现象　bioluminescence　159

尸斑　liver mortis　170

尸僵　rigor mortis　170

尸冷　algor mortis　170

湿地松　slash pine　128

授粉途径　method of pollination　135, 136

"手套"样皮肤脱落　degloving　170

水华　algae blooms　22

水华　blooms　159, 167, 169, 176, 177

水韭　quillworts　136

水韭属　*Isoetes* sp.　136

水绵属　*Spirogyra* sp.　155

丝状藻类　filamentous algae　153, 155, 156

死后浸没时间　post-mortem submersion interval, PMSI　170, 171

死后经历时间　post-mortem interval, PMI　7, 169, 170

死亡时间　time of death　1, 7, 9, 12, 126, 169, 170, 185

苏铁　cycads　16

随机扩增多态性 DNA　randomly amplified polymorphic DNA, RAPD　104, 105, 107, 108

桫椤属　*Cyathea* sp.　137

T

苔类　liverworts　21, 134, 172

苔原　tundras　26

糖枫　sugar maple　128

提取　extraction　104, 105

体视显微镜　stereo microscope　115-118, 123

条形码　barcoding　100, 101

筒孢藻属　*Cylindrospermum* sp.　155

土壤扰动　soil disturbance　10, 11

脱水处理　dehydration　121

脱氧核糖核酸　deoxyribonucleic acid DNA　97-105, 107-109

W

弯叶大湿原藓　*Calliergonella lindbergii* 108

微囊藻毒素　microcystins　168

微囊藻属　*Microcystis* sp.　168

违禁植物　illegal plants　3, 12, 66

维管植物　vascular plant　13-21

乌羽玉属　*Lophophora* sp.　5

无梗花栎　*Quercus petraea*　108

X

稀有木材　rare species of timber　128

膝沟藻毒素　gonyautoxins　167

系统分类学　systematics　1, 2

仙人掌　cacti　5, 99

藓类　mosses　21, 134, 136, 172

香柏树　cedars　16

香蒲　cattails　172

向日葵　sunflowers　16, 41

橡树　oaks　19, 41, 128, 137

橡子　acorns　16, 41, 43

硝酸消化　nitric acid digestion　166，173，175，176

小球藻　*Chlorella* sp.　154

新西兰鸡毛松　kahikatea，or *Dacrycarpus dacrydioides*　137，138

形成层/边材　sapwood　127

形态学　morphology　1

雄蕊　stamen　41，42

Y

岩藻　rockweed　156，159

眼虫　euglenoids　153

赝品家具　furniture forgeries　128

椰子　coconuts　41

叶　leaves　3，12-20，29，33-40，122

叶端　leaf tips　37，38

叶绿素　chlorophyll　9，156，159，170，177

叶片缺裂　leaf lobes　35，37，38

叶片微绒毛　leaf hairs　29，39，40，45

叶形　leaf shapes　38，39

叶序　leaf arrangement　33-35

叶缘　leaf margins　36，37，39

叶状地衣　foliose lichens　24，25

衣藻属　*Chlamydomonas* sp.　153，154

疑源类　acritarchs　135

银枫　silver maple　129

引物　primers　100，104，105

引物位点　priming site　105

有孔虫　foraminifera　135

鱼腥藻属　*Anabaena* sp.　155，161，168，169

鱼腥藻水华　*Anabaena flos-aquae*　169

榆树　elm　41

原生动物　protozoan　135

Z

杂草　weeds　4，10，12，27，53，54，66

藻类　algae　22，135，152-180

藻类毒素　algaltoxin　159-161，167-169

藻类毒素中毒　algaltoxin poisoning　167-169

长叶松　longleaf pine　128

沼泽　swamps　26

真菌　fungi　5，23，24

证据　evidence　47-81

枝状地衣　fruticose lichen　24，26

植物干化标本　herbarium　122，123

植物系统分类学　plant systematics　1

植物种属鉴定　plant identification　29，65，113

指纹　fingerprinting　104

中毒　poisoning　12

种群鉴定　population identification　101

种子　seeds　4，5

帚灯草科　Restionaceae　136

柱头　stigma　41，42

专家证据　expert evidence　82-96

子房　ovary　41，42

紫罗兰　violet　41

紫杉树　yews　16

紫苑　asters　19

自溶　autolysis　170

棕榈　palms　16，18

后 记

经过近半年的紧张筹备和翻译，笔者终于将《法医植物学：实践指南》一书翻译完成了。2008年起，笔者自一直从事法医昆虫学相关研究与实践应用工作，迄今已有9年。在最初的几年里，笔者主要研究的是嗜尸性蝇类幼虫（蝇蛆）的生长发育规律，注意力主要集中在昆虫本身的情况。但是在研究的过程中，笔者发现到单一的蝇类生长发育情况有时并不能很好地解决高度腐败尸体的死亡时间问题。因此，笔者又在荒山中连续观察猪尸腐败以及嗜尸性昆虫群落演替情况近一年半，试图通过整个嗜尸性昆虫群落的变化情况来推算该地区的高度腐败尸体死亡时间。通过对不同地点不同季节中猪尸腐败以及昆虫活动情况的观察，笔者逐渐意识到，当地植物的分布情况对嗜尸性昆虫的分布以及活动都有着不同程度的影响。然而通过相关文献的检索，笔者意外地发现，国内至今没有出版过一本专门论述法医植物学的专著，而国外目前也仅有寥寥三四本参考书籍。事实上，植物证据在欧美等国家、地区的案件侦破中已经应用得相当广泛，并且部分国家已经建立了范化的植物证据现场采集操作流程。为了能让更多的法医学工作者和研究者了解植物证据的应用价值，从而在实践中尝试应用并推广法医植物学，笔者选择了直接翻译最经典的外文专著这一途径。

在本书的翻译过程中，部分疑难语句和文字校对工作得到了同门师妹刘静和师弟徐吕子的帮助，在此一并予以感谢！由于笔者在法医植物学领域的研究工作刚刚起步，兼且语言文字水平有限，可能存在个别语句翻译不到位或语病，希望各位读者见谅并予以指正，谢谢！

彩图

图 1.8　根据断裂的枝叶脱水枯萎的程度可以建立一个时间表（本照片由詹姆斯·L. 卡斯特纳博士提供）

图 1.9　尸体埋葬处的植物叶片的叶绿素分解程度可以用于死亡时间推断（本照片由詹姆斯·L. 卡斯特纳博士提供）

图 2.15 藓类在人类遗骨上生长情况可用于推断粗略的死亡时间（本照片由杰森·H. 伯德博士提供）

图 2.16 藻类的存在能将某人或某物与特定的水体联系起来。图示为蓝藻形成的水华（本照片由杰森·H. 伯德博士提供）

图 2.17　图示为生长在松树树干上的一种真菌“柄锈菌”（本照片由杰森・H. 伯德博士提供）

图 2.18　层孔菌常见于森林环境中，其生长速度可用于事件发生时间推断（本照片由杰森・H. 伯德博士提供）

图 2.21 枝状地衣呈树枝状，易与附着的介质表面分离（本照片由杰森·H. 伯德博士提供）

图 2.46 图示花粉囊上附满了花粉（本照片由杰森·H. 伯德博士提供）

图 3.18　被切断的树根可以辅助确定秘密挖掘的墓穴最初的大小范围情况（本照片由杰森·H. 伯德博士提供）

图 6.4　各种植物的叶片上都有其独特的绒毛或毛状体，可以使用体视显微镜来观察这些细微的结构。图 A 与 C 中比例尺＝1 cm，图 B 与 D 中比例尺＝100 μm（详细描述见黑白页）

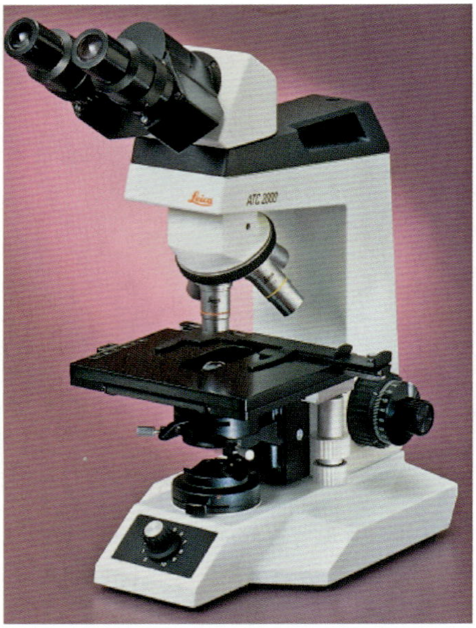

图 6.5 复式显微镜常用于检验植物纤维或植物组织细胞的显微结构，其原理是通过可见光照射标本产生投影。图示为 Leica ATC－2000 教学级显微镜〔本照片由美国伊利诺伊州班诺克本市徕卡显微系统有限公司（Leica Microsystems，Inc.）提供〕

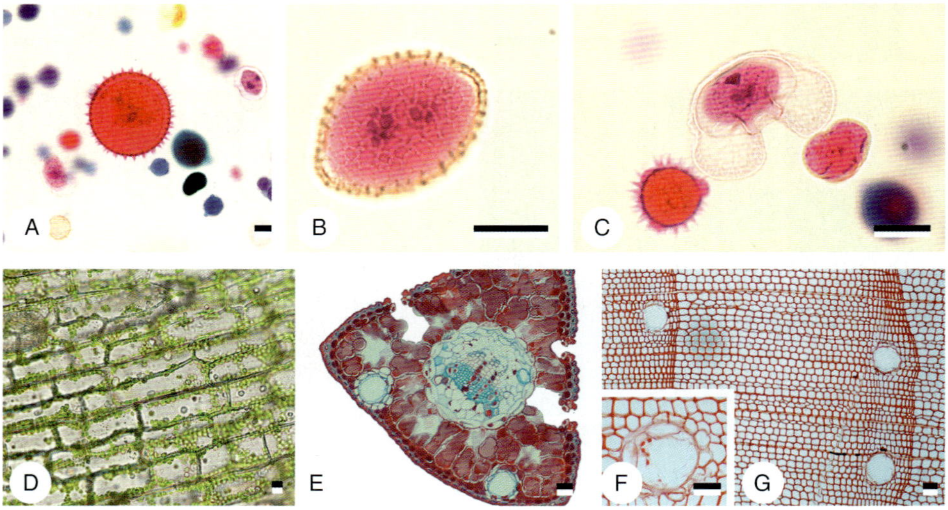

图 6.7 图示复式显微镜能观察的一些标本类型（详细描述见黑白页）

图 9.3　大型藻类的主体部分通常是肉眼可见的（详细描述见黑白页）

图 10.5　该骨骸显示出明显的埋葬学变化。植物、种子和花与骨骼中所含的元素揭示了这具骸骨在多长时间之前被移动并重新掩埋（本照片由佛罗里达大学 C. A. 庞德人类识别实验室提供，详细案情见第十章原文）

图 10.7　被害人的头发上发现的植物残片让刑侦人员能够最终定位性侵犯发生的地点（本照片由杰森·H. 伯德博士提供，详细案情见第十章原文）

图 10.11　萎黄病指的是叶绿素分解后绿色植物叶子变黄的现象。这个过程可以用于评估植物被某物体遮蔽阳光后变色的最短时间（详细案情见第十章原文）